（漢）鄭　玄　注
（唐）賈公彦　疏

宋本周禮疏

第四册

國家圖書館

第四册目録

周禮疏卷第十

唐朝散大夫行大學博士弘文館學士臣賈公彥等撰

以土圭之灋測土深正日景以求地中日南則景短多暑日北則景長多寒日東則景夕多風日西則景朝多陰

釋曰案玉人職云土圭尺有五寸周公攝政四年欲求土中而營王城故以土圭度日景之法測度也度土之深深謂日景長短之深也正日景者夏日至晝漏半表北得尺五寸景正與土圭等即地中故云正日景以求地中也日南則景短多暑者周公度日景之時置五表五表者於潁川陽城置一表爲中表中表南千里又置一表中表北千里又置一表中表東千里又置一表中表

西千里又置一表今言日南景短多暑者據中表之南表而言
亦晝漏半立八尺之表表北得尺四寸景不滿尺五寸不與土
圭等是其日南是地於日爲近南景短多暑不堪置都之事也
云日北者據中表之北表而言亦晝漏半表北得尺六寸景是
地於日爲近北是其景長多寒之事也云日東則景夕多風者
據中表之東表而言亦於晝漏半中表景得正時東表日已昳
矣是地於日爲近東晝漏半巳得夕景故云景夕多風云日西
則景朝多陰者據中表之西表而言是地於日爲近西亦於晝
漏半中表景得正時西表日未中仍得朝時之景故云日西則
景朝多陰此經皆未得所求耳解洪範之義依五行傳風屬中
央雨屬東方今西方云多陰東方云多風者土爲木妻木爲
金妻從妻所好故月離於箕風揚沙月離於畢俾滂沲故此
東方多風西方多陰陰即雨也 注 土圭所以致四時日月之景也測猶度也不知廣深故曰測故書求爲救杜子
春云當爲求鄭司農云測土深謂南北東西之深也日南
謂立表處大南近日也日北謂立表處大北遠日也景夕

謂日跌景乃中立表處大東近日也景朝謂日未中而景
中立表處大西遠日也玄謂晝漏半而置土圭表陰陽審
其南北景短於土圭謂之日南是地於日爲近南也景長
於土圭謂之日北是地於日爲近北也東於土圭謂之日
東是地於日爲近東也西於土圭謂之日西是地於日爲
近西也如是則寒暑陰風偏而不和是未得其所求凡日
景於地千里而差一寸　釋曰案馮相氏云冬夏致日春
秋致月皆以土圭度之是以冬官考工記云土圭尺有五
寸以致日鄭云土圭所以致四時日月之景也云測猶度
也不知廣深故曰測者廣深喻遠近以經云測土深故鄭
云廣深也鄭司農云測土深謂南北東西之深也者先鄭
據經云日南日北日東日西皆以土圭測度之先鄭又云
日南謂立表處大南近日云云先鄭之意日於地中而在
南故以南表爲近日北表爲遠日日出東方而西流故以
東表爲近日西表爲遠日云景夕謂日跌景乃中者於晝
漏半東表日跌中表景乃中又云景朝謂日未中而景中

者亦於晝漏半西表日未中而中表景乃中也玄謂晝漏
半而置土圭表陰陽審其南北者後鄭釋景長短之意度
景之法冬至夏至皆可為之皆據晝漏半者以取日正午
乃得其端直也云表陰陽者東方西方是陰陽故别云審
其南北也又云景短於土圭謂之日南是地與日為近南
云云後鄭之義與先鄭不殊更云是地於日為近南已下
者先鄭云近日遠日恐人以為南方東方地高為近日北
方西方地下為遠日有此地高下之嫌故後鄭增成先鄭
之義取云是地於日為近此於日為近東於日為近西四
方之表皆去中表千里而云是立表之處其地於天下之
日為近南為近北為近東為近西也云如是則寒暑陰風
偏而不和是未得其所求者此言對下經地中是陰陽風
雨和會為得所求也云凡日景於地千里而差一寸者案
三光考靈耀云四游升降於三萬里中下云日至之景尺
有五寸謂之地中則是半三萬里而萬五千里與土圭等
是千里差一寸筭法亦然言此者欲見經日南日北之等

皆云中表千里爲術景長景短皆差一寸耳知表皆高八尺而以晝漏半者以其通卦驗云冬日至樹八尺之表日中視其晷是以知用八尺表而以晝漏半度景也

日至之景尺有五寸謂之地中天地之所合也四時之所交也風雨之所會也陰陽之所和也然則百物阜安乃建王國焉制其畿方千里而封樹之

釋曰上經置五表於四方四表未得所求今於中表夏日至亦晝漏半立八尺之表表北得景尺有五寸景與土圭等謂之地中於此地中之所天地之所合也者天地不合萬物不生天地合配萬物乃生故樂記云天地訢合是也四時之所交也者即尚書所云宅南交孔云言夏與春交舉一隅以見之則秋與夏交冬與秋交春與冬交可

知故云四時所交也風雨之所會也者風雨所至會合人
心謂若禮器云饗帝於郊風雨節寒暑時是也陰陽之所
和也者謂若昭四年左氏申豐云冬無愆陽夏無伏陰是
其陰陽和也然則百物阜安者總結上句所合已下然猶
如是阜盛也如是四事得所則百物盛安也乃建王國焉
者建立也於此盛安之處乃立王之國城焉制其畿方千
里者王畿千里以象日月之大中置國城面各五百里制
畿界而封樹之者於畿疆之上而作深溝土在溝上謂之
爲封封上樹木以爲 注景尺有五寸者南戴日下萬五千
阻固故云而封樹之 里地與星辰四遊升降於三萬里
之中是以半之得地之中也畿方千里取象於日一寸爲
正樹樹木溝上所以表助阻固也鄭司農云土圭之長尺
有五寸以夏至之日立八尺之表其景適與土圭等謂之
地中今潁川陽城地爲然 釋曰云景尺有五寸者欲釋
經景尺有五寸得地中之意云南戴日下萬五千里者景
一寸以表千里故於地中尺五寸景去南戴日下萬五千里

云地與星辰四游升降於三萬里之中者考靈耀文言四游升降者春分之時地與星辰復本位至夏至之日地與星辰東南游萬五千里下降亦然至秋分還復正至冬至地與星辰西北游亦萬五千里上升亦然至春分還復正進退不過三萬里故云地與星辰四游升降於三萬里之中是以半之得地之中也云畿方千里取象於日一寸爲正者鄭注王制象日月之大亦取畧同此云取象於日一寸爲正不言象日月之大者略不言之矣云一寸爲正者即是景一寸地千里與王制注畧同一也案元命包云日圓望之廣尺以應千里故鄭注王制云象日月之大也又案考靈耀曰從上臯下八萬里天以圓覆地以方載河圖括地象曰天不足西北地不足東南西北爲天門東南爲地戸天門無上地戸無下又云極廣長南北二億三萬一千五百里東西二億三萬三千里又云天左動起於牽牛地右動起於畢廣雅云天圜南北二億三萬三千五百里七十五步東西短減四步周六億十萬七百里二十五步從

地至天億一萬六千七百八十七里半下度地之厚與天高等天度云東方七宿七十五度南方七宿百一十二度西方七宿八十度北方七宿九十八度四分度之一四方三百六十五度四分度之一度二千九百三十二里二十八宿間相距積百七萬九百一十三里徑三十五萬六千九百七十里鄭司農云潁川陽城地爲然者潁川郡陽城縣是周公度景之處古跡猶存故云地爲然也案春秋左氏武王克商遷九鼎於洛邑欲以爲都不在潁川地中者武王欲取河洛之間形勝之所洛都雖不在地之正中潁川地中仍在畿内若然武王巳遷鼎於洛欲以爲都周公又度景求地中者武王雖定鼎訖周公更度之者所以審慎故案書傳云四年建侯衛五年營成周建侯衛者在尚書康誥封康叔是也案康誥云惟三月才生魄周公初基作新大邑于東國洛四方之民大和會注云岐鎬之域處五岳之外周公爲其於政不均故東行於洛邑合諸侯謀作天子之居四方民聞之同心來會樂即功作効其力焉

是時周公居攝四年也又案召誥惟三月丙午朏注云是時周公居攝五年越三日戊申大保朝至於洛卜宅厥既得卜則經營之若然洛邑在攝政四年初爲基止至五年乃正營之也 凡建邦國以土圭土其地而制其域諸公之地封疆方五百里其食者半諸侯之地封疆方四百里其食者參之一諸伯之地封疆方三百里其食者參之一諸子之地封疆方二百里其食者四之一諸男之地封疆方百里其食者四之一釋曰上經既陳天子之國并畿內千里此經說諸侯邦國故云凡建邦國以土圭土

其地土猶度也以土圭度其地假令封公五百里國北
畔立八尺之表夏至晝漏半得尺五寸景與土圭等南畔
得尺四寸五分其中減五分一分百里五分則五百里減
四分則四百里封侯減三分則三百里封伯減二分則二
百里封子減一分則一百里封男是土其地之法而制其
域者自上公五百里巳下境界皆有營域封疆云諸公之地
封疆方五百里其食者半者言天子封公以五百里之地
其一國之稅天子食其半云諸侯之地封疆方四百里其
食者參之一者謂三分之天子食其一分云諸伯之地封
疆方三百里其食者參之一者亦與侯同云諸子之地諸
男之地皆云四之一者謂揔得一國之稅四分之天子食
其一分故云其食者四之一其天子所食者皆謂諸侯市
取美物以貢天子即大宰九貢是也其公之稅有半侯伯
有三之二子男有四之三皆自入充國家畜積禮俗喪紀
之用也

注 土其地猶言度其地鄭司農云土其地但為正四
方耳其食者半公所食租稅得其半耳其半皆附

庸小國也屬天子參之一者亦然故魯頌曰錫之山川土
田附庸奄有龜蒙遂荒大東至于海邦論語曰季氏將伐
顓臾孔子曰先王以爲東蒙主且在邦域之中是社稷之
臣此非七十里所能容然則方五百里四百里合於魯頌
論語之言諸男食者四之一適方五十里獨此與今五經
家說合耳玄謂其食者半參之一四之一者土均均邦國
地貢輕重之等其率之也公之地以一易侯伯之地以再
易子男之地以三易必足其國禮俗喪紀祭祀之用乃貢
其餘若今度支經用餘爲司農穀矣大國貢重正之也小
國貢輕字之也凡諸侯爲牧正帥長及有德者乃有附庸
爲其有祿者當取焉公無附庸侯附庸九同伯附庸七同
子附庸五同男附庸三同進則取焉退則歸焉魯於周法
不得有附庸故言錫之也地方七百里者包附庸以大言
之也附庸二十四言得兼此四等矣　釋曰土其地猶言
度其地者案上經以土圭之法測土深測猶度也此經云
以土圭土其地以土正當測處故云土其地猶言度其地

也司農云土其地但爲正四方耳者司農意案上經天子度取土中此封諸侯但正曰方而巳不求土中故云但爲正四方謂五百里四百里之等云其食者半公所食租稅得其半耳其半皆附庸小國也屬天子參之一亦然者司農意以經云其食者半與參之一四之一皆自食其餘並入天子故云其食者半公所食租稅得其半耳其半皆附庸小國也屬天子參之一亦然也先鄭雖不云四之一司農意亦四分分之三分入天子一分自食司農之義於經文雖似通若然則大國貢輕次國小國貢重非字小之法於義不可故後鄭不從引魯頌曰錫之山川已下至社稷之臣此司農之意上公已下盡有附庸魯雖侯爵受五百里之國明堂位云七百里者五百里外並是附庸即公五百里者亦半爲附庸故上注云其半皆附庸是也云此非七十里所能容者司農之意見孟子何休之徒言周之制無五百里四百里國魯國唯有七十里而巳故破諸家據魯頌論語非七十里之所能容也云然則方五百里四百

里合於魯頌論語之言者司農據此經公五百里侯四百
里與魯頌論語合亦是破諸家之意云諸男食者四之一
適方五十里者司農意男國百里開方得五十里者四經
云其食者四之一謂三分入天子一分自食所食者唯有
五十里云獨此與今五經家說合耳者五經家謂若張苞
何休孟子等皆以爲周法公侯方百里伯七十里子男五
十里子男五十里故男食五十里是與五經家說合若自
子已上以百里七十里國於此經二百里已上四之一三
之一不合故直舉男地而言玄謂其食者半參之一四之
一者土均均邦國地貢輕重之等者案下土均云均地貢
均即此所均征稅邦國地貢輕重是也云其率之也公之
地以一易侯伯之地以再易子男之地以三易者其民受
地有一易再易故此諸侯之地據貢入天子似耕之者入
諸侯者似易而不耕者故以公之地貢半似二百畝佃半
也侯伯之地三之一貢入天子似家三百畝佃百畝留二
分似荒廢者子男之地以三易四之一貢與天子似家得

四百畝佃百畝留三分似三百畝不耕者也民但家無三易
之地直以況義耳云必足其國禮俗喪紀祭祀之用乃貢
其餘者後鄭意釋公國貢半已下漸少之意言公受地廣
稅物多但留半自用即足其國禮俗喪紀祭祀畜積之用故
以半爲餘貢入天子其侯伯受地差少則其稅亦少故三
分之二留自用乃足其國以一分爲餘貢入天子其子男
受地又少其稅轉少故四分之乃足其國亦以一分爲餘
貢入天子注雖不言畜積但言足其國明畜積在中乃得
云足故王制云國無九年之畜曰不足是也云若今度支
經用餘爲司農穀矣者度支經用似國家喪紀所用餘爲
司農穀矣者入天子故據漢法以況之云大國貢重正之
也小國貢輕字之也者謂若四之一是也字愛也謂愛小
國之法若然三之一者是不輕不重後鄭言此者破先鄭
其食者四之一三分貢與天子三之一者二分貢與天子
非字小之法又見采地之稅四之一一分貢與天子故不
從先鄭之義云凡諸侯爲牧正帥長及有德者乃有附庸

者案王制云五國以爲屬屬有長十國以爲連連有帥三十國以爲卒卒有正二百一十國以爲州州有伯伯即牧也此牧正帥長皆是有功諸侯乃得爲之有功即有附庸又諸侯有德雖不爲牧正帥長亦得有附庸故鄭揔云諸侯牧正帥長及有德者乃有附庸焉云爲其有祿者當取焉者謂取閒田爲附庸以爲祿也云公無附庸者以其天子畿方千里上公五百里地極故無附庸也云侯附庸九同者以其侯有功進受公地但公五百里開方之方百里者五五二十五侯四百里開方之四四十六加九同則爲二十五同與公等故知侯附庸九同云伯附庸七同者伯地三百里三三而九加七同則爲十六同與侯等故知伯附庸七同也云子附庸五同男附庸三同者以其子有功進受伯地加五同與伯等男有功受子地男本一同加三同與子等開方之皆可知云進則取焉退則歸焉者進則取焉謂附庸者退則歸焉者謂爲閒田者也故王制一州之内二百一十國其餘以爲附庸閒田併言之矣云魯於

周法不得有附庸故言錫之也者魯雖爲侯爵以其王子母弟雖爲侯伯畫服如上公受五百里之地與上公等成王以周公制典法之勳賜魯以侯伯子男四等附庸故明堂位云地方七百里鄭云方七百里者包附庸以大言之也又云附庸二十四言得兼此四等矣者魯本五百里四面各加百里四五二十即二十同四角又各百里爲四同故云附庸二十四言周公有德兼侯九同伯七同子五同男三同故云兼此四等矣凡言同者皆百里地百里則爲國周法不滿百里乃爲附庸今皆名附庸爲同者但附庸實不滿百里積集附庸成同并數之矣假令男附庸三同附庸國則多矣據成同而言三耳自餘五同七同巳上其義可知也

凡造都鄙制其地域而封溝之以其室數制之不易之地家百畮一易之地家二百畮再易之地家

三百畮釋曰一言王畿及諸侯邦國至此更言畿內都鄙三等采地云凡造都鄙制其地域者案載師

職家邑任稍地小都任縣地大都任畺地又下文小司徒職云四丘爲甸四甸爲縣四縣爲都家邑二十五里小都五十里大都百里是造都鄙制其地域也云而封溝之者謂三等采地四境界上皆有溝封而樹之以爲阻固云以其室數制之者其室在都邑之內而云制之者依其城內室數於四野之中制地與之謂若九夫爲井四井爲邑四邑爲丘四丘爲甸四甸爲縣四縣爲都之等是也云不易之地家百畮者此謂上地年年佃之故家百畮云一易之地家二百畮者謂年別佃百畮廢百畮云再易之地家三百畮者以其地薄年年佃百畮廢二百畮三年再易乃徧故云再易也

注 都鄙王子弟公卿大夫采地其界曰都鄙所居也王制曰天子之縣內方百里之國九七十里之國二十有一五十里之國六十有三此蓋夏時采地之數周未聞矣春秋傳曰遷鄭焉而鄙留城郭之宅曰室詩

云嗟我婦子曰爲改歲入此室處以其室數制之謂制丘
甸之屬王制曰凡居民量地以制邑度地以居民地邑民
居必參相得鄭司農云不易之地歲種之地美故家百畮
一易之地休一歲乃復種地薄故家二百畮再易之地休
二歲乃復種故家三百畮　釋曰言都鄙王子弟公卿大
夫采地者公在大都卿在小都大夫在家邑其親王子母
弟與公同在大都次疏者與卿同在小都次更疏者與大
夫同在家邑故總云都鄙王子弟公卿大夫采地也云其
界曰都鄙所居也者三等采地皆有城郭是其鄙所居也
據其四境即是其界曰都又引王制曰天子之縣內方百
里之國九云云又云此蓋夏時采地之數者案鄭周皆稱
畿內王制云縣內疑是夏時故云此蓋夏時采地之數也
云周未聞矣者案洛誥傳云天下諸侯入來進受於周退
見文武之尸者千七百七十三諸侯注云八州州立二百
一十國畿內九十三國云畿內九十三國即此都鄙之數
有文矣而云未聞者以無正文故疑焉或未可聞其大國

非其不與民同鄭引之者以證地守之官者然此地官唯有衡虞候舟鮫祈望者此周禮舉其大綱左氏言其細別故詳略不同云制地貢謂九職所稅也者此地貢文承地之職之下明非諸侯九貢是其九職任之九稅斂之若三農生九穀則稅九穀園圃毓草木則稅草木之類是也云頒職事者分命使各爲其所職之事者分命之言案尚書堯典分命羲仲宅嵎夷申命羲叔宅南交分命和仲宅西曰昧谷申命和叔宅朔方此間頒職事亦是分命使各爲其所職之事典田之官各有所掌

以荒政十有二聚萬民一曰散利二曰薄征三曰緩刑四曰弛力五曰舍禁六曰去幾七曰眚禮八曰殺哀九曰蕃樂十曰多昏十有一曰索鬼神十有二曰

除盜賊 釋曰言以荒政十有二者上經見分地職則有年穀不熟之時恐民離散故以救荒之政十有二條以聚萬民使不離散一曰散利者謂豐時聚之荒時散之積而能散使民利益故云一曰散利二曰薄征者薄輕也征稅也謂輕其稅三曰緩刑者謂凶年犯刑緩縱之四曰弛力者弛放其力役之事五曰舍禁者山澤所遮禁者舍去其禁使民取蔬食六曰去幾者幾謂呵禁謂關市去稅而幾之七曰眚禮者謂吉禮之中眚其禮數八曰殺哀者謂凶禮之中殺其禮數九曰蕃樂者蕃謂閉藏樂器而不作十曰多昏者謂凶荒殺禮昏者多十有一曰索鬼神者謂凶年禱祈搜索鬼神而禱祈之十有二曰除盜賊者凶年盜賊多急其刑以除之

注 荒凶年也鄭司農云救飢之政十有二品散利貸種食也薄征輕租稅也弛力息繇役也去幾關市不幾也眚禮掌客職所謂凶荒殺禮者也多昏不備禮而娶昏者多也索鬼神求廢祀而脩之雲漢之詩所謂靡神不舉靡愛斯牲者也除盜賊急其刑

次國小國各有幾國故云未聞其實揔數則聞之矣云春
秋傳曰遷鄭焉而鄙留者案桓十一年夏五月鄭伯寤生
卒秋七月葬鄭莊公九月宋人執鄭祭仲公羊云祭仲者
何鄭相也何以不名賢也何賢乎祭仲以爲知權也其爲
知權奈何古者鄭國處於留先鄭伯有善於鄶公者通乎
夫人以取其國而遷鄭焉而野留莊公死已葬祭仲將往
省于留塗出於宋宋人執之謂之曰爲我出忽而立突祭
仲不從其言則君必死國必亡從其言則君可以生易死
國可以存易亡是以謂之權也野鄙不同者何鄭所見傳
異也案玄發墨守云鄭始封君曰桓公者周宣王之母弟
國在宗周畿內今京兆鄭縣是也桓公生武公武公生莊
公遷居東周畿內國在虢鄶之閒今河南新鄭是也武公
生莊公因其國焉留乃在陳宋之東鄭受封至此適三世
安得古者鄭國處於留祭仲將往省留之事乎是鄭君不
從公羊引之者直取鄙所居爲義也其鄭居留之事猶自
不取也所謂文取而義不取也云城郭之宅曰室又引詩

者是七月詩取證室在城内於其室數制城外井邑又云制之謂制丘甸之屬者案下小司徒云四井爲邑以至近甸縣都是也又引王制者欲見邑在城外居在城内外内多少必參相得之事

乃分地職奠地守制地貢而頒職事焉以爲地法而待政令

注分地職分其九職所宜也定地守謂衡麓虞候之屬制地貢謂九職所税也頒職事者分命使各爲其所職之事

釋曰分地職分其九職所宜也者上經既授上中下地此經云分地職故知分地職者是分九職所宜九職則大宰云一曰三農生九穀是也所宜謂若孝經注高田宜黍稷下田宜稻麥之類是也云定地守謂衡麓虞候之屬者案昭二十年左氏傳晏子云山林之木衡鹿守之澤之萑蒲舟鮫守之藪之薪蒸虞候守之海之鹽蜃祈望守之注云衡鹿舟鮫虞候祈望皆官名也守之令民不得取之不共利時景公設此守以致疾故晏子所非

以除之饑饉則盜賊多不可不除也杜子春讀蕃樂爲藩樂謂閉藏樂器而不作玄謂去幾去其稅耳舍禁若公無禁利眚禮謂殺吉禮也殺哀謂省凶禮　釋曰下曲禮云歲凶年穀不登即此荒一也故云荒凶年也鄭司農云救飢之政十有二品者年穀不熟而民飢故設政教以救之故云救飢之政十有二品十二品即十二條各有品列而不同云散利貸種食也者謂豐時斂之凶時散之其民無者從公貸之或爲種子或爲食用至秋熟還公據公家爲散據民往取爲貸故云散利貸種食云薄征輕租稅也者案司稼云巡野觀稼出斂法注云豐年從正儉有所殺若今十傷二三實除減半是輕租稅也云弛力息繇役也者案均人云豐年則公均用三日中年則公均用二日無年則公均用一日此云弛力謂人食不能二鬴之歲則移民就穀無力役之事故均人又云凶札則無力政財賦是也云去幾關市不幾者此後鄭不從以其雖凶年猶幾呵但去稅而已云眚禮掌客職所謂凶荒殺禮者也者此後鄭

不從者掌客所云凶荒殺禮其揔目語無所指斥故鄭以
爲昏吉禮云多昏不備禮而娶昏者多也者昏禮有六幷
有玄纁束帛凶荒爲昏不可備行此禮使有女之家得減
口數有男之家易得其妻故娶昏者多也云索鬼神求廢
祀而脩之者年有凶災鬼神不祐經云索鬼神謂搜索鬼
神而祭之明是求廢祀而脩之求廢祀而脩之即雲漢之
詩靡神不舉是也連引靡愛斯牲者見索鬼神是祈禱之
事須牲體以薦之案左氏莊二十五年傳云天災有幣無
牲此詩云靡愛斯牲者若天災之時祈禱無牲災成之後
即有牲體故云靡愛斯牲云除盜賊急其刑以除之饑饉
則盜賊多不可不除也者上文旣言緩刑其除盜賊用急
刑乃上下文爲妨故鄭云饑饉則盜賊多不可不除故須
急其刑以除之杜子春云讀蕃樂爲藩樂謂閉藏樂器而
不作者經云蕃者是蕃育之字故讀從藩是藩閉之字案
大司樂云大凶大烖令弛縣注云弛釋下之若今休兵鼓
之爲彼又云日月食四鎭五嶽崩諸侯薨令去樂注云去

樂藏之引春秋傳曰壬午猶繹萬入去籥萬言入則去者不入藏之可知彼之二文云令弛縣據路寢常縣之樂釋下之去樂據廟中祭時暫縣之樂去而藏之此去藏樂謂削藏樂器據廟中祭祀藏去樂器而不作若然祭祀不作明路寢常縣亦釋下之互見其義玄謂去幾去其稅耳者破先鄭之義全不幾後鄭必知直去其稅猶幾之者案司關云國凶札則無門關之征猶幾明知司農之義非云合禁若公無禁利者案左傳襄公九年冬公會晉侯代鄭同盟于戲晉侯歸謀所以息民魏絳請施舍輸積聚以貸自公以下苟有積者盡出之國無滯積亦無困人公無禁利杜注云與民共是也云眚禮謂殺吉禮也云殺哀謂省凶禮者此破司農之義司農引掌客職凶荒殺禮證眚禮後鄭之意凶荒殺禮是摠目之言不專於吉禮鄭知眚禮專是吉禮者以其下有殺哀與眚禮相對故知眚禮專是吉禮也案襄公二十四年冬大饑穀梁傳云五穀不升爲大饑一穀不升謂之嗛二穀不升謂之饑三穀不升謂之饉

四穀不升謂之康五穀不升謂之大侵大侵即大饑一也又案穀梁人云人食四鬴上也三鬴中也二鬴下也若食不能人二鬴則令移民就穀不能人二鬴之歲即是大饑年也此云荒政者亦據大凶年爲義案均人云凶札無力政財賦此既據大饑猶云薄征者此經雖主大饑兼記一穀二穀不熟之歲故有輕稅也此鄭云荒凶年則荒與凶一也案大司樂大札大荒大凶荒凶別者其實凶荒是一故宗伯云以荒禮哀凶札是凶荒不異司樂凶荒別文者以凶爲凶年以荒爲荒亂兼見斯義故凶荒別文也

以保息六養萬民一曰慈幼二曰養老三曰振窮四曰恤貧五曰寬疾六曰安富

釋曰上經既陳凶荒不安之事故此經陳安養萬民之道云以保息六養萬民者民不安即不得蕃息安則蕃息保安也民使蕃息有六條以養萬民故云以保息六養萬民也

注 保息謂安

之使蕃息也慈幼謂愛幼少也產子三人與之母二人與
之餼十四以下不從征養老七十養於鄉五十異粻之屬
振窮拯救天民之窮者也窮者有四曰矜曰寡曰孤曰獨
恤貧貧無財業稟貸之寬疾若今癃不可事不筭卒可事
者半之也安富平其繇役不專取　釋曰云產子三人與
之母二人與之餼皆是越語范蠡欲速報吳爲此權禮使
國民衆多故令國人壯者無取老婦老者無取壯妻女子
十七不嫁父母有罪丈夫二十不娶亦罪其父母生丈夫
三壺酒一犬生女子一壺酒一豚生三人公與之母生二
人與之餼引之者見其愛幼少之法不必盡如其禮云十
四以下不從征者案鄉大夫職國中七尺野自六尺皆不
從征案論語云可以託六尺之孤注云六尺謂年十五則
十五從征十四以下不從征可知亦是愛幼之事也云養
老七十養於鄉者案王制云五十養於鄉六十養於國七
十養於學彼謂大夫士也王制又云凡三王養老皆引年
注云已而引户校年當行復除也老人衆多非賢者不可

皆養故食貨志云七十已上所養也此云七十養於鄉亦謂有賢行者也云五十異粻之屬者是王制文禮記常法庶人食稷士兼食黍大夫又加以粱今雖庶人至五十或與士大夫同食黍粱故云異粻云振窮拼救天民之窮者也窮者有四曰矜曰寡曰孤曰獨者案王制云老而無妻者謂之矜老而無夫者謂之寡少而無父者謂之孤老而無子者謂之獨鄭依此而言此四者天民之窮而無告者也皆有常餼故曰振窮云恤貧貧無財業稟貸之者案旅師云凡用粟春頒而秋斂之法云困時施之饒時收之是其恤貧之法故云無財業稟貸之云寬疾若今癃不可事不筭卒者漢時癃病不可給事不筭計以爲士卒若今廢疾者也云可事者半之也者謂不爲重役輕處使之取其半功而已似今殘疾者也是其寬饒疾病之法云安富平其繇役不專取者言繇役均平又不專取則富者安故云安富也

以本俗六安萬民一曰媺宮室二曰族

墳墓三曰聯兄弟四曰聯師儒五曰聯朋

友六曰同衣服 釋曰上經陳養萬民之法此經説安民庶之道以本俗六安民者本舊也不依舊俗創立制度民心不安若依舊俗民心乃安故以本俗六條以安民也 注 本猶舊也美善也謂約椓攻堅風雨攸除各有攸宇族猶類也同宗者生相近死相迫連猶合也兄弟昬姻嫁娶也師儒鄉里教以道藝者同師曰朋同志曰友同猶齊也民雖有富者衣服不得獨異 釋曰云謂約椓攻堅風雨攸除各有攸宇者此斯干美宣王之詩也案彼詩云約之閣閣約謂擱土椓之槖槖椓謂築之槖槖用力是其約椓攻堅攸所也能使風雨所除宇居也君子小人各有所居引之者證美宮室也經云媺宮室明不使華美故以攻堅解之云族猶類也同宗者生相近死相迫者案左氏傳云非我族類其心必異族類是一故云族猶類也經云族墳墓是死相迫明生時居住相近可知故

鄭云同宗者生相近死相迫也云連猶合也兄弟昏姻嫁娶也者案爾雅釋親云父之黨爲宗族母與妻黨爲兄弟則兄弟之名施於外親爲正又案喪服記兄弟皆在外邦及與兄弟居彼皆據同宗小功巳下知此兄弟是昏姻非是同宗者見上云族墳墓是同宗明此兄弟施於外姓昏姻故爾雅又云婦之黨爲昏兄弟夫婦相名亦爲兄弟故曾子問曰不得嗣爲兄弟是以知兄弟是昏姻也云師儒鄉里教以道藝者以其鄉立庠州黨及遂皆立序致仕賢者使教鄉閭子弟鄉閭子弟皆相連合同就師儒故云連師儒也又案保氏職掌養國子以道故云教以道藝也云同師曰朋同志曰友者案學而云有朋自遠方來是朋者在學之稱此友與朋連文則亦是在學之稱且此朋友之文復在師儒之下但朋疏而多友親而少故云同師曰朋同志曰友此朋友據在學案尚書泰誓武王云我友邦冢君是謂諸侯爲友洛誥云孺子其朋謂羣臣爲朋朋友之文所施廣矣鄭君皆望文爲義是以所注不同也云同猶

齊也民雖有富者衣服不得獨異者士已上衣服皆有采
章庶人皆同深衣而已故云民雖有富者衣服不得獨異
等也
並皆齊 正月之吉始和布教于邦國都鄙
乃縣教象之灋于象魏使萬民觀教象
挾日而斂之乃施教灋于邦國都鄙使之
各以教其所治民 釋曰正月之吉者謂建子之月
一日也始和者從十二教已下
於此月之時始調和也政教皆有故法依舊而行之言始
和者若改造云爾其實不改造也始以對終對下縣之是
在建寅之月爲終也云布教於邦國都鄙者於此正月之
時調和教典訖即布於邦國諸侯及畿內都鄙公卿大夫
等云乃縣教象之法於象魏者言乃者緩辭是建寅之月
乃縣教象之法於象魏闕上云使萬民觀教象者謂使萬

民来就雉門象魏之處觀教象文書使知一年教法云挾日而斂之者縣之從甲至甲爲挾日而後斂藏之於明堂月月乃更受而行之謂之聽朔者也云乃施教法于邦國都鄙者案大宰六典八法八則之等正月前陳之正月之下不復言施之者以其並是當職之事故不復言所施且直言施教法於邦國都鄙則亦含上數事可知云使之各以教其所治民者若據邦國使諸侯教所治民若據都鄙則使公卿大夫教所治民

注 正月之吉周正月朔日也司徒以布五教至正歲又書教法而縣焉

釋曰言正月朔日者周禮凡言正歲者則夏之建寅正月直言正月者則周之建子正月也吉者月朔也故云正月之吉周正月朔日也司徒以布五教者案大宰注云布王治之事於天下此不言天下注文略邦國都鄙則亦天下也云至正歲又書教法而縣焉者釋經乃縣是正歲縣之必知縣在正歲者亦取義於小司徒云正歲則帥其屬而觀教法之象故知縣在正歲也

令五家爲比

使之相保五比爲閭使之相受四閭爲族使之相葬五族爲黨使之相救五黨爲州使之相賙五州爲鄉使之相賓

釋曰此經說大司徒設比閭至於州鄉等第家數各立其官長敎勸於民大司徒主六鄉故令六鄉之內使五家爲一比則有下士爲比長主之使五家相保不爲罪過五比爲閭者二十五家爲一閭立中士爲閭胥使之相受者閭胥使二十五家有宅舍破損者受寄託四閭爲族使之相葬者百家立一上士爲族師使百家之內有葬者使之相助益故云使之相葬五族爲黨使之相救者五百家立一下大夫爲黨正民有凶禍者使民相救助故云使之相救五黨爲州使之相賙者二千五百家爲州立一中大夫爲州長民有禮物不備使賙給之五州爲鄉使之相賓者萬二千五百家爲鄉立一六命卿爲鄉大夫鄉內

之民有賢行者則行鄉飲酒之禮賓客之貢舉也故云使之相賓 注 此所以勸民者也使之者皆謂立其長而
教令使之保猶任也救救凶災也賓賓客其賢者故書受
爲授杜子春云當爲受謂民移徙所到則受之所去則出
之又云賙當爲糾謂糾其惡玄謂受者宅舍有故相受寄
託也賙者謂禮物不備相給足也閭二十五家族百家黨
五百家州二千五百家鄉萬二千五百家 釋曰云此所
以勸民者也者此經相保相受相救相賙相賓等皆是民
閭之事故云所以勸民也云使之者皆謂立其長而教令
使之者民不獨治必須君長故云皆謂立其長而教令使
之立長謂若比長閭胥至鄉大夫等杜子春云當爲受謂
民移徙所到則受之所去則出之者案比長職云五家相
受相和親與此文同皆謂一閭之内無出入之法比長職
又云徙於國及郊則從而授之注云徙謂不便其居也或
國中之民出徙郊或郊民入徙國中彼是出鄉閭外與此
閭内自相容受不同故後鄭易之以爲宅舍有故相受寄

訖解之子春又云賙當爲糾謂糾其惡後鄭不從者此一經相保相受之等皆是相勸爲善無相糾惡之事故後鄭存賙字謂禮物不備相給足解之云閭二十五家云云知之者案此經五家爲比五州爲鄉轉相增故其家數可知

頒職事十有二于邦國都鄙使以登萬民一曰稼穡二曰樹蓺三曰作材四曰阜蕃五曰飭材六曰通財七曰化材八曰斂材九曰生材十曰學藝十有一曰世事十有二曰服事釋曰大司徒主天下人民之數故頒下民之職事十有二條於天下邦國及畿內都鄙使以登成萬民此經不言鄉遂及公邑者舉外以包內司徒親主鄉遂公邑頒之可知云一曰稼穡已下至

八曰斂材已上即大宰九職中八者是也大宰旣掌之此
又重掌者以大宰尊官摠知其事此司徒是主民之官親
自須行義各有異也云一曰稼穡者種之曰稼斂之曰穡
二曰樹蓺者樹謂植木謂若樹之榛栗蓺謂種黍稷謂若
蓺麻如之何我蓺黍稷之類是也案大宰有九職此八曰
斂材已上與大宰同大宰有九此唯八者大宰言任萬民
隨意所云故有九九曰閒民無常職轉移執事此司徒云
須職事不可須之使民轉移執事故闕之唯有八也九曰
生材已下加此四事者以其司徒主民此注 鄭司農云稼
四事者是民之事業及學問故别增之也 穡謂三農生
九穀也樹蓺謂園圃育草木作材謂虞衡作山澤之財阜
蕃謂藪牧養蕃鳥獸飭材謂百工飭化八材通財謂商賈
阜通貨賄化財謂嬪婦化治絲枲斂材謂臣妾聚斂疏材
生材謂閒民無常職轉移執事學藝謂學道藝世事謂以
世事敎能則民不失職服事謂爲公家服事者玄謂生材
養竹木者 釋曰鄭司農云稼穡謂三農生九穀也者自

此巳下至聚歛疏材皆與大宰同但文有詳略其言異耳九穀須稼穡故變言稼穡耳樹蓺與園圃毓草木者同草木須樹蓺故亦変言樹蓺耳云作材謂虞衡作山澤之材者此文有詳略耳云阜蕃謂藪牧養蕃鳥獸者但養蕃不言阜此言阜字者欲見非直蕃息又使阜盛云飭材謂百工飭化八材者此亦文有詳略耳云通財謂商賈阜通貨賄者貨賄即財也亦文有詳略耳云歛材謂臣妾聚歛疏材者此亦文有詳略耳此八者之義以具釋於大宰故此亦不復重言云生材謂閒民無常職轉移執事者司農之意此閒民在第九當大宰九曰閒民無常職故以閒民解生材也但周公制礼大宰任民無常職於此須職事不可頒無常職使民行之故後略易之以爲養竹木解之云學藝謂學道藝者案保氏職云掌養國子以道乃教之六藝故以藝中兼有道也云世事謂以世事教能則民不失職者案管子書云工之子恒爲工士之子恒爲士商之子恒爲商農之子恒爲農是以世事教民能則民不失職也云

服事謂爲公家服事者謂若府史胥徒庶人在官者是公家服事者也玄謂生材養竹木者此後鄭破司農之義案大宰事典云以生萬民小宰事職云以養萬民則知生爲養山虞林衡別官則知此生材養竹木在於平地林衡所掌是也

以鄉三物教萬民而賓興之一曰六德知仁聖義忠和二曰六行孝友睦婣任恤三曰六藝禮樂射御書數釋曰物事也司徒主六鄉故以鄉中三事教鄉內之萬民也興舉也三物教成行鄉飲酒之礼尊之以爲賓客而舉之三物者則下一曰二曰三曰是也

注物猶事也興猶舉也民三事教成鄉大夫舉其賢者能者以飲酒之礼賓客之既則獻其書於王矣知明於事仁愛人以及物聖通而先識義能斷時宜忠言以中心和不剛不柔善於父母爲孝善於兄弟爲友睦親於九族婣

新於外親任信於友道恤振憂貧者禮五禮之義樂六樂
之歌舞射五射之法御五御之節書六書之品數九數之
計 釋曰云民三事教成鄉大夫舉其賢者能者以飲酒
之禮賓客之既則獻其書於王矣者此並鄉大夫職文云
知明於事者謂於前事不惑若四十而不惑也云仁愛人
以及物者仁者内善於心外及於物謂若行葦詩美成王
云敦彼行葦牛羊勿踐履是愛人及於葦葦即物也云聖
通而先識者案襄二十二年臧武仲如晉雨過御叔御叔
在邑將飲酒曰焉用聖人何休云説左氏傳者曰春秋之
志非聖人孰能脩之言夫子聖人乃能脩之御叔謂臧武
仲爲聖人是非獨孔子云箴之曰武仲者述聖人之道魯
人稱之曰聖今使如晉過御叔御叔不説學見武仲而雨
行傲之云焉用聖人爲左氏傳載之者非御叔不説學不
謂武仲聖與孔子同若然此云聖亦與武仲同皆是述聖
人之道云義能斷時宜者義宜也謂斷割合當時之宜也
云忠言以中心者此以字解之如心曰恕如下從心中心

曰忠中下從心謂言出於心皆有忠實也云和不剛不柔
者謂寬猛相濟者也云善於父母爲孝善於兄弟爲友者
案爾雅云張仲孝友善父母爲孝善兄弟爲友彼不言於
此鄭云善於父母善於兄弟言於者凡言孝友非直甘肴
先奉昏定晨省而已謂若禮記祭義云孝者先意承志喻
父母於道國人稱之曰幸哉有子若是如此美行乃所爲
父母兄弟所善故鄭云善於父母爲孝善於兄弟爲友也
云睦親於九族者堯典云九族既睦是睦親於九族也九
族者上至高祖下至玄孫旁及緦麻之內也云姻親於外
親知姻是親於外親者上云睦施於九族明此姻是親於
外親也左傳云士踰月外姻至亦據外親之等外親者則
妻族母族是也此姻對睦施於外親若不對睦亦施於內
親故論語云因不失其親喪服傳云與因母同此肯施於
內親也云任信於友道者謂朋友有道德則任信之故論
語云信則人任焉是也云恤振憂貧者恤訓爲憂振訓
爲救故知恤振憂貧者也云禮五禮之義自此已下至九

數皆取義於保氏案保氏職掌養國子以道教之六藝一曰五禮二曰六樂三曰五射四曰五御五曰六書六曰九數案彼注云五禮者玄謂吉凶賓軍嘉六樂者玄謂雲門大咸大韶大夏大濩大武五射者先鄭云白矢參連剡注襄尺井儀五御者先鄭云鳴和鸞逐水曲過軍表舞交衢逐禽左六書者先鄭云象形會意轉注處事假借諧聲九數者先鄭云方田粟米差分少廣商功均輸方程嬴不足旁要此九章之術是也彼注又云今有重差夕桀句股此經直陳六藝保氏各有其數故注保氏具釋之注此直取保氏經以釋之五禮言義者以其吉凶之等各有其義樂言歌舞者以其作樂時有升歌下舞射言法者以其有升降揖讓之法御言節者四馬六轡有進退之節書言品者形聲處事差品不同數言計者有多少筭計各逐義強生稱

以鄉八刑糾萬民一曰不孝之刑二曰不睦之刑三曰不婣之刑

四曰不弟之刑五曰不任之刑六曰不恤之刑
七曰造言之刑八曰亂民之刑釋曰上設三物教萬民民有不從教
者則設刑以刑之故言以鄉八刑糾萬民也云一曰不孝
之刑者有不孝於父母者則刑之孝經不孝不在三千者
深塞逆源此乃禮之通教二曰不睦之刑者不相親睦亦
刑之三曰不婣之刑者不親兼戚凡品故不孝有刑也於
外親亦刑之四曰不弟之刑者謂不敬師長亦刑之五曰
不任之刑者謂不信任於朋友亦刑之六曰不恤之刑者
謂見災危而不憂恤亦刑之七曰造言之刑者有造浮僞
之言者亦刑之八曰亂民之刑者謂執左道亂政則刑之
注糾猶割察也不弟不敬師長造言訛言惑衆亂民亂名
改作執左道以亂政也鄭司農云任謂朋友相任恤謂
相憂釋曰云糾猶割察也者謂察取鄉中八種之過斷
割其罪云不弟不敬師長者此不弟即上六行友是也上

文在睦姻之上此變言弟退在睦姻之下者上言友尊施
於兄弟此變言弟兼施於師長故退在睦姻之下云造言
訛言惑衆者案王制行偽而堅言偽而辯與此造言一也
是訛言惑衆也云亂民亂名改作執左道以亂政也者亂
名已下皆王制文案彼注亂名改作謂變易官與物之名
更造法度左道若巫蠱及俗禁並是亂政之民也上三物
有六德六行六藝六德六藝不設刑獨於六行設刑者鄭
注師氏云在身爲德施之爲行德爲在身不施於物六藝
亦是在身之能不施於人故二者不設刑其行並是施之
於人故禁其恐有愆負故設刑以防之也造言亂民民中
特害故六行之
外別加此二刑 **以五禮防萬民之偽而教之中**
釋曰以五禮防萬民之偽而教之中者案禮記樂記云禮
者著誠去偽故以禮防萬民之偽而教之使得中正也
注 禮所以節止民之侈偽使其行得中鄭司農云五禮謂
吉凶賓軍嘉 釋曰禮者辨尊卑別貴賤皆有上下之

宜不得奢侈僭僞故云禮所以節止民之侈僞也使其行得中者上不逼下下不僭上得其中正是也鄭司農云五禮謂吉凶賓軍嘉者春官大宗伯文也

以六樂防萬民之情而教之和釋曰案樂記云大樂與天地同和孝經云移風易俗莫善於樂故大司徒以六樂防萬民之情而教之使應和也

注樂所以蕩正民之情思使其心應和也鄭司農云六樂謂雲門咸池大韶大夏大濩大武　釋曰案樂記云在閨門之內父子兄弟同聽之莫不和親故云樂所以蕩正民之情思使其心應和也鄭司農云六樂雲門已下皆大司樂文至彼具釋案前云六藝禮樂射御書數不覆申射御書數而獨申禮樂二事但化民以禮樂爲急故樂記云心中斯須不和不樂而鄙詐之心入之矣外貌斯須不莊不敬而易慢之心入之矣故樂也者動於內者也禮也者動於外者也是致禮樂以治外內之急也又孝經云安上治民莫善於禮移風易俗莫善於樂是禮樂爲

化民之急也故特言禮樂耳凡萬民之不服教而有獄訟者與有地治者聽而斷之其附于刑者歸于士

釋曰上以禮樂化民而萬民不猒服十二教則鬬爭起有獄訟者將斷割之時恐其獄訟不審故與其有地治者謂治民之官共聽而斷之若有小罪則司徒使不服之其附於五刑則歸於士使秋官士師之等斷之

注

教不猒服於十二教貪冒者也爭罪曰獄爭財曰訟有地治者謂鄉州及治都鄙者也附麗也士司寇士師之屬鄭司農云與有地治者聽而斷之與其地部界所屬吏共聽斷之士謂主斷刑之官春秋傳曰士榮爲大士或謂歸于圜土圜土謂獄也獄城圜

釋曰云不服教不猒服於十二教貪冒者也者上以十二教教民使不貪冒其民有不猒服於十二教即是貪冒之人也猒有二種有潒猒有猒飫之猒謂若祭禮有陰猒之類是也此言不猒服十二教者謂

不猒飫服行十二教也又云爭罪曰獄爭財曰訟者案秋官大司寇云以兩造禁民訟以兩劑禁民獄獄訟相對故獄爲爭罪訟爲爭財若獄訟不相對則爭財亦爲獄其義具在秋官釋之云有地治者謂鄉州及治都鄙者也者司徒主六鄉明知有鄉州也案上經布教於都鄙明地治之内兼有都鄙可知云附麗也者案秋官云麗於法案尚書吕刑越兹麗刑故以附爲麗云士司寇士師之屬者案秋官有士師鄉士遂士縣士並主獄訟之事故云士師之屬也司農云春秋傳曰者僖公二十八年衛侯出奔及其反國諛射殺弟叔武元咺訴於晉衛侯與元咺訟晉使士榮爲大士而聽斷之引此者欲見有獄必有訟有訟者不必有獄故彼是爭罪之事而言衛侯與元咺訟云或謂歸於圜土圜土謂獄也者司農之意此經士或爲土字因即解土爲圜土圜上即獄也云獄城圜者更解圜土之意圜土之義具在秋官司圜職也

祀五帝奉牛牲羞其肆 釋曰云祀五帝者謂

五時迎氣於四郊及惣享五帝於明堂即大司徒奉牛牲

又云羞其肆者羞進也肆解也謂於俎上之所解牲體於神坐

注 牛能任載地類也奉猶進也鄭司農云羞進也肆陳骨體也玄謂進所肆解骨體士喪禮曰肆解去蹄

釋曰鄭解司徒奉牛之意故云牛能任載地類也故屬地官司徒鄭司農云羞進也肆陳骨體也者骨體肩臂脊脅之屬司農以肆爲四音讀之故云肆陳也謂陳牲體於俎上即體解折節爲二十一體是也故云陳骨體也玄謂進所肆解骨體者後鄭之意以肆爲擿音讀之肆解骨體者爲七體解之故引士喪禮曰肆解去蹄案士喪禮曰特豚四鬄去蹄彼注云四解之殊肩髀彼言殊肩髀與此骨體一也但彼云四鬄此云四解其字不同者鄭直以義讀之非彼正文此云肆當彼鬄也後鄭必不從先鄭爲肆陳骨體爲二十一體者案禮運云腥其俎孰其殽彼注云腥其俎謂豚解而腥之也孰其殽謂體解而爓之祭祀之法先豚解後體解經云奉牛牲謂初牽入時即言羞其肆明先豚解又

案國語郊之事則有全烝明知不得先有體解若然則禘郊之事先全烝始後豚解也若宗廟之祭則無全烝先豚解次體解禮運所云者是也

享先王亦如之 釋曰享先王不辨祭之大小彼大宗伯四時及禘祫六者皆稱享云亦如之者亦如上祀五帝奉牛牲羞其肆又不言祭地者祭地之禮與天同

大賓客令野脩道委積 釋曰案大行人諸侯朝稱賓卿大夫來聘稱客彼對文例散文賓客通此云大賓客者唯據諸侯來朝大司徒令遺人於野路之上脩治道塗及委積芻薪米禾之等以待賓客 **注** 令令遺人使爲之也少曰委多曰積皆所以給賓客 釋曰令令遺人使爲之也少曰委多曰積者案遺人云十里有廬廬有飲食三十里有宿宿有路室路室有委五十里有候館候館有積故知義然也

大喪帥六鄉之衆庶屬其六引而治其政令 釋曰大喪謂王喪至七月

而葬大司徒帥六鄉之衆庶取一千人屬其六引挽主衆
柩鄉嬪而治其政令者大司徒則檢校挽柩之事 注庶
所致役也鄭司農云六引謂引喪車索也六鄉主六引六
遂主六紼 釋曰云衆庶所致役也者但六鄉七萬五千
家唯取一千人致之使爲挽柩之役故云所致役也司農
云六鄉主六引則此經是也云六遂主六紼者案遂人職
云大喪帥六遂之役而致之掌其政令及葬帥而屬六
綍在棺曰紼見繩體行道曰引見用力互文以見義也 大
軍旅大田役以旗致萬民而治其徒庶之政
令 釋曰凡征伐田獵所用民徒先起六鄉之衆故云大軍
旅大田役以旗致萬民司徒主六鄉田即治其徒庶之政
令 注旗畫熊虎者也徵衆刻日樹旗期於其下 釋曰案
司常云熊虎爲旗故鄭云旗畫熊虎者也云徵衆刻
日樹旗期於其下者凡起徒役不令而誅謂之虐故徵衆
庶須刻集日至日樹旗期民於其下衆皆至弊旗誅後至

者也

若國有大故則致萬民於王門令無節者

釋曰若國有大故者大故是非常之事故言若也則致萬民於王門者以待任用故

不行於天下

也云令無節者不行於天下者大故之時恐有姦寇節者用爲行道之信故無節者不行於天下所以防姦私也

注大故謂王崩及寇兵也節六節有節乃得行防姦私釋曰言大故知是王崩及寇兵者下經別云大荒大札故知大故中有王崩寇兵二事也云節六節者案掌節山國用虎節土國用人節澤國用龍節門關用符節貨賄用璽節道路用旌節也

大荒大札則令邦國移民通財舍禁弛力薄征緩刑

釋曰大荒謂大凶年大札謂大疫病則令邦國者謂令天下諸侯邦國也移民通財者此謂兩事移民謂分口往就賤財是米穀也其有留守不得去者則賤處通穀米與之舍禁

者謂山澤之内舊遮禁不聽人入者今皆舍而不禁容民取蔬食也弛力者謂弛力役之事薄征者若據大荒則全無征稅今言薄征者容有小荒仍有征稅案司稼注云豐年從正儉有所殺若今十傷二三實除減半者也緩刑者謂有刑罰寬而放之注大荒大凶年也大札大疫病也移民辟災就賤其有守不可移者則輸之穀春秋定五年夏歸粟於蔡是也　釋曰大荒大凶年也者謂若曲禮云歲凶年穀不登言大者穀梁云五穀不熟謂之大侵與此一也大札大疫病也者謂若左氏傳云天昏札瘥云其有守不可移者則輸之穀者釋經通財也又引春秋定五年夏輸粟於蔡是也者案彼傳定四年楚瓦伐蔡五年夏歸粟於蔡彼雖非荒札之事直取歸粟一道證經通財之義

歲終則令教官正治而致事釋曰歲終則令教官者其屬六十官也云政治而致事者謂正直治理其文書不得濫失以爲公狀然後致其職事以待考注歲終自周季冬也教

官其屬六十正治明處其文書致事上其計簿 釋曰知歲終是周季冬者以其正月之吉始和是周之歲始明此致事之時亦是周之歲終云致事上其計簿者漢時考吏謂之計吏計吏據其使人也此言計簿據其文書也 正歲令于教官曰各共爾職脩乃事以聽王命其有不正則國有常刑 釋曰正歲令示教官者以其歲始當除舊布新各共爾之職脩汝之事爾乃皆汝也以聽王命者聽待也其不正則國有常刑者謂文書不正直而濫失則有常刑常刑者謂二千五百條各依輕重而受刑法 注 正歲夏正月朔日 釋曰周禮上下凡言正歲者皆是夏之正月又知是朔日者以其正月之吉是朔日此雖不言之吉亦是朔日爲始可知也

周禮疏卷第十

周禮疏卷第十一

唐朝散大夫行大學博士弘文館學士臣賈公彥等撰

小司徒之職掌建邦之教灋以稽國中及四郊都鄙之夫家九比之數以辨其貴賤老幼癈疾凡征役之施舍與其祭祀飲食喪紀之禁令

釋曰小司徒副貳大司徒之事大司徒已掌十二教故此小司徒又掌建邦之教法言建者非但副貳大司徒亦得專其事云以稽國中及四郊都鄙者大司徒掌邦國都鄙此小司徒亦掌之稽考也故亦考其國中及四郊但國中與四郊皆是六鄉之民所居也併言都鄙者司徒是主土地之官故亦兼主采地之法云

之夫家九比之數者謂國中及四郊都鄙之內夫家男
女九賦校比人民之數云辨其貴賤老幼癈疾者辨猶
別也謂別其貴賤老幼癈疾合科役者科役之云凡征
役之施舍者征謂稅之役謂繇役施舍者貴與老幼癈
疾不科役故言弛也云與其祭祀者謂鄉中州祭社黨
祭禜族祭步飲食者謂若行鄉飲酒及族食喪紀者謂
若四閭爲族使之相葬之等禁令者
祭祀已下皆有禁令不使失禮法
注 稽猶考也夫家猶言
男女也鄭司農云九比謂九夫爲井玄謂九比者冢宰
職出九賦者之人數也貴謂爲卿大夫賤謂占會販賣
者癈疾謂癃病也施當爲弛 釋曰夫家猶言男女者夫
是丈夫則男也春秋傳曰云男有室女有家婦人稱家故
以家爲女鄭司農云九出謂九夫爲井後鄭在從之以經
掌國中及四郊即是六鄉之內但鄉與公邑並爲溝洫無
井田之法故後鄭不從玄謂九比者冢宰職出九賦者之
人數也者案大宰云九賦斂財賄一曰邦中二曰四

郊之賦三曰邦甸之賦四曰家稍之賦五曰邦縣之賦六曰邦都之賦與此文國中四郊都鄙其事相當故知此九比出九賦者之人數云貴謂爲卿大夫賤謂占會販賣者鄭解諸文貴賤相對皆以爲貴謂卿大夫賤謂士獨此賤爲占會販賣者以其此經論九賦之事案大宰九賦有幣餘之賦幣餘謂占賣國之斥幣此經貴與老幼癈疾皆弛舍無賦唯此賦當彼幣餘之賦故爲販賣者解之云施當爲弛者周禮上下但言爲弛舍者皆經爲施字鄭皆破從弛

乃頒比灋于六鄉之大夫使各登其鄉之衆寡六畜車輦辨其物以歲時入其數以施政教行徵令

釋曰言乃頒比法于六鄉之大夫者比法謂若下經五人爲伍五伍爲兩是也六鄉大夫皆六命卿爲之小司徒爲校比之法須與六鄉大夫又云使各登其鄉之衆寡六畜車輦者衆寡據人民

六畜者爲牛羊豕犬雞車謂革車及大車輦人挽行又辨其物者謂辨其家中財物多少以歲之四時具錄其數入

小司徒以施政教者小司徒所施政教依其數而施行之云以行徵令者以徵索於民及所施政令亦據民物等數

而行之故云行徵令也 **注** 登成也成猶定也衆寡民之多少物家中之財歲時入其數若今四時言事 釋曰

云登成也成猶定也者人畜衆寡其數不恒家家條錄數而比之則得成故登爲成也定也云衆寡民之多少者謂

六口已上爲多五口已下爲少云物家中之財者經既言六畜車辇車下別云辨其物明物是家中之財云歲時入其

數若今四時言事者漢承周後皆四時入其數今時白役簿皆在於冬代異時殊故有革別也 **及三年**

則大比 大比則受邦國之比要 釋曰三年一閏天道有成及至也無

至三年則大案比戶口大比之時則天下邦國送要文書來入小司徒故大比則受邦國之比要也 **注** 大比謂使天下

更簡閱民數及其財物也受邦國之比要則亦受鄉遂矣
鄭司農云五家爲比故以比爲名今時八月案比是也要
謂其簿 釋曰云大比謂使天下更簡閱民數及其財物
也者上經頒比法每歲之四時簡閱衆寡及其物等此經
三年大比并天下邦國而言故鄭云大比謂使天下更簡
閱民數及其財物鄭不言六畜車輦者文略亦簡閱可知
云受邦國之比要則亦受鄉遂矣者此經但受邦國比要
上經直言頒比法於六鄉以歲時入其數不言三年大比
故知此文含鄉遂也故云亦受鄉遂矣鄭司農云五家爲比
故以比爲名者凡言比者是校比之言但五家爲比者案比之
法從少至多以五家爲始故以比爲名云今時八月案比
是也者漢時八月案比而造籍書周以三年大比未知定
用何月故司農以漢法八月況之云要謂其
簿者謂若今之造籍戶口地宅具陳於簿也 乃會萬
民之卒伍而用之五人爲伍五伍爲兩四兩爲

卒五卒爲旅五旅爲師五師爲軍以起軍旅以作田役以比追胥以令貢賦

釋曰小司徒佐大司徒以學六鄉六軍之士出自六鄉故須配卒伍百人爲卒五人爲伍也而用之者即軍旅田役是也五人爲伍者下文云凡起徒役無過家一人六鄉之内有比閭族黨州鄉一鄉出一軍六鄉還出六軍今言五人爲伍者五家爲比家出一人則是一比也在家爲比在軍爲伍伍者聚也五伍爲兩者在鄉五比爲閭閭二十五家也在軍五伍爲兩兩二十五人也四兩爲卒者在鄉四閭爲族族百家也在軍四兩爲卒卒百人也五卒爲旅者在鄉五族爲黨黨五百家在軍五卒爲旅旅五百人也五旅爲師者在鄉五黨爲州州二千五百家在軍亦五旅爲師師亦二千五百人也五師爲軍者在鄉五州爲鄉鄉萬二千五百家在軍五師爲軍軍亦萬二千五百人也以起軍旅者謂征伐也以作田役者謂田

獵役作皆是也以比追胥者追謂逐寇胥謂伺捕盜
賊以令貢賦者依鄉中家數而施政令以貢賦之事 注
用謂使民事之伍兩卒旅師軍皆衆之名兩二十五人卒
百人旅五百人師二千五百人軍萬二千五百人此皆先
王所因農事而定軍令者也欲其恩足相恤義足相救服
容相別音聲相識作爲也役功力之事追逐寇也春秋莊
十八年夏公追戎于濟西胥伺捕盜賊也貢嬪婦百工之
物賦九賦也鄉之田制與遂同 釋曰用謂使民事之者
謂使人爲事即軍旅田役是也云兩二十五人已下案經
五人爲伍轉相增數從五人爲伍至五師爲軍數可知也
云此皆先王所因農事而定軍令者也者案管子書云罡
內政寄軍令謂在鄉五家爲比以營農事比長領之及其
出軍家出一人五人爲伍則爲伍長領之在家閭胥領一
閭在軍則爲兩司馬領之在家爲族師在軍爲卒長在家
爲黨正在軍爲旅師在家爲州長在軍爲師帥在鄉爲大
夫在軍爲軍將自伍長已上全與此文不同者鄭君以義

言之非彼正文也云欲其恩足相恤至音聲相識言此者
解因內政寄軍令之意不使異人間雜於中也云役功力
之事者鄭意欲解經文役與田不同也云追逐寇也又引
春秋莊公十八年夏公追戎于濟西者案彼傳戎侵魯魯
公追之出境服氏云桓公爲好莊公獨不能備而見侵濟
西曹地穀梁云其不言戎之伐我何也以公之追之不使
戎邇於我也于濟西者大之也引之者證追是逐寇也云
胥伺捕盜賊也者以追既爲逐寇胥爲伺捕盜賊可知云
貢嬪婦百工之物者案大宰九職之貢有九此貢獨云嬪
婦百工二者此六鄉之貢不論地事則所令之貢亦不及
地貢也故以此二事當之云賦九賦也者案大宰九賦一
曰邦中二曰四郊二者之賦在六鄉之內此經既論六鄉
之賦不得有三曰邦甸已下若然此唯有二賦而云九賦
者二賦是九賦中物故揔云九賦也云鄉之田制與遂同
者此經之內不見田制案遂人職云夫間有遂遂上有徑
十夫有溝溝上有畛百夫有洫洫上有涂千夫有澮澮上

有道萬夫有川川上有路是其遂制也故云鄉之田制與
遂同案鄭注遂之軍法如六鄉者以其遂內不見出軍之
法唯有田制而已故知遂之軍法如
六鄉若然彼此各舉一邊互見爲義 乃均土地以稽
其人民而周知其數上地家七人可任也者
家三人中地家六人可任也者二家五人下
地家五人可任也者家二人 釋曰言乃均土地者
以其佐大司徒學其
土地人民之數故制上地下地等使得均平故云均土地
也云以稽其人民者既給土地則據土地計考其人民可
任不可任之事云而周知其數者而周遍知其人數云上
地家七人者凡給地有九等此據中地三等而中地之上
所養者七人云可任也者家三人者七人之中一人爲家
長餘六人在強弱半強而可任使者家三人云中地家六

人者此謂中地之中所養者家六人云可任也者二家五
人者六人之內一人爲家長餘五人在強弱半不可得言
可任者二人半故取兩家并言可任者二家五人云下地
家五人者謂中地之下所養者五人云可任也者家二人
者五人之內一人爲家長餘四人
在強弱半故云可任者家一人
注 均平也周猶徧也
一家男女七人以
上則授之以上地所養者衆也男女五人以下則授之以
下地所養者寡也正以七人六人五人爲率者有夫有婦
然後爲家自二人以至於十爲九等七六五者爲其中可
任謂丁強任力役之事者出老者一人其餘男女強弱相
半其大數 釋曰云正以七人六人五人爲率者有夫有
婦然後爲家自二人以至於十爲九等七六五者爲其中
者案王制百畝之分上農夫食九人其次食八人其次食
七人其次食六人其次食五人彼言五等此云七六五三
等其人不同故鄭爲九等計之此經皆云家故鄭云有夫
有婦乃成家從此二人爲一等至十人則爲九等自二人

三人四人是下地之三等也五人六人七人是中地之三等八人九人十人是上地之三等此經唯言七六五者據中地之三等則知有上地下地之三等故鄭云七六五者爲其中若然王制不云上上之地食十人又不云其次食四人其次食三人其次食二人直言自九以至五不言九等者彼欲取下士視上農夫食九人自府史胥徒四者食八人七人六人五人五等人與此五等農夫相當故不言其餘四者又襄公二十五年楚蔿掩書上田度山林鳩藪澤辨京陵表淳鹵數疆潦規偃豬町原防牧隰皐井衍沃以授子木禮也此九等是楚之地善惡有九等與此不同鄭注尚書云賦之差上上出九夫稅上中出八夫稅爲九等者以九州出賦多少不同有九等故鄭君以井田美惡爲九等託之非是貢地之差也云出老者一人其餘男女強弱相半其大數者但一家之内二人至十人或男多女少或女多男少不可齊準今皆以強弱半者周公設法據其大數故鄭云其大數也

凡起徒役

毋過家一人以其餘爲羨唯田與追胥竭作注鄭司農云羨饒也田謂獵也追追寇賊也竭作盡行 釋曰云凡起徒役毋過家一人者謂起民徒役作之毋過家一人以其餘爲羨者一家兄弟雖多除一人爲正卒正卒之外其餘皆爲羨卒云唯田與追胥竭作者田謂田獵追謂逐寇胥謂伺捕盜賊竭盡也作行也非直正卒一人羨卒盡行以其田與追胥之人多故也此謂六鄉之內上劑致甿一人爲正卒其餘皆爲羨卒若云遂之內以下劑致甿一人爲正卒一人爲羨卒其餘皆爲餘夫饒遠故也

凡用衆庶則掌其政教與其戒禁聽其辭訟施其賞罰誅其犯命者 釋曰言凡用衆庶者則上經所云是也其衆庶皆是六鄉之民小司徒主敎六鄉六鄉衆是巳民故用衆庶之時則掌其攻敎與其戒禁又聽斷其

賞罰又誅王命所以誓告之　釋曰所誓告者謂若大司
責犯命者　注　馬羣吏聽誓於陳前司徒北面以誓之小子
斬牲左右以徇陳曰不用命
者斬之　是其誓告之事也　**凡國之大事致民大**
故致餘子　釋曰凡國之大事者謂有兵戎之大事出征
之時云致民者謂有兵戎大事於六鄉之內
發起民徒云大故致餘子者謂有災寇之事餘子卿大
夫之子弟當大故之時則致餘子與大子使宿衛也　注
大事謂戎事也大故謂災寇也鄭司農云國有大事當徵
召會聚百姓則小司徒召聚之餘子謂羨也玄謂餘子卿
大夫之子當守於王宮者也　釋曰知大事謂戎事者見
左氏成公傳云國之大事在祀與戎此言致民明非祭祀
是戎事可知故云大事謂戎事也云大故謂災寇也者經
云致餘子明大故非王喪是水火之災及其兵寇司農云
餘子謂羨也者以其羨卒唯田與追胥竭作乃使之此經
大故不合使羨故鄭不從之玄謂餘子卿大夫之子當守

於王宮者也知義然者以經云大故當宿衛王宮案書傳
云餘子皆入學則餘子不得爲羨是宿衛之人故云餘子
卿大夫之子當守於王
宮者也是破司農之義 乃經土地而井牧其田野

九夫爲井四井爲邑四邑爲丘四丘爲甸四甸
爲縣四縣爲都以任地事而令貢賦凡稅斂
之事 釋曰此小司徒佐大司徒掌其都鄙都鄙則三等
采地是也匠人營溝洫於田掌其經界故云乃經
土地經謂爲之里數在土地之中立其里數謂井方一里
邑云二里之等是也云而井牧其田野者井方一里兼言
牧地是次田二牧當上地一井授民田之時上地不易家
百畝中地一易家二百畝下地再易家三百畝通率三家
受六夫之地一家受二夫與牧地同故云井牧其田野此
與下爲惣目云九夫爲井者井方一里九夫之田四井爲

邑者邑方二里四邑爲丘者丘方四里四丘爲甸者甸方八里旁加一里則爲十里之成今不言十里成而言八里甸者成間有洫井間有溝旁加一里者使治溝洫不出稅舉其八里之甸據實出稅者而言四甸爲縣者縣方十六里四縣爲都都方三十二里以任地事者謂若大宰九職任萬民謂任役萬民使營地事云而令貢賦者貢則九職之貢賦謂軍賦出車徒之等云凡稅斂之事者采地之中皆爲井田之法一井之田一夫稅入於官故云稅斂之事

注此謂造都鄙也采地制井田異於鄉遂重立國小司徒爲經之立其五溝五塗之界其制似井之字因取名焉孟子曰夫仁政必自經界始經界不正井田不均貢祿不平是故暴君姦吏必慢其經界經界既正分田制祿可坐而定也鄭司農云井牧者春秋傳所謂井衍沃牧隰皐者也玄謂隰皐之地九夫爲牧二牧而當一井今造都鄙授民田有不易有一易有再易通率二而當一是之謂井牧昔夏少康在虞思有田一成有衆一旅一旅之衆而田一

之田也此制小司徒經之匠人爲之溝洫相包乃成耳邑成則井牧之法先古然矣九夫爲井者方一里九夫所治丘之屬相連比以出田稅溝洫爲除水害四井爲邑方二百里四邑爲丘方四里四丘爲甸甸之言乘也讀如雲甸之甸甸方八里旁加一里則方十里爲一成積百井九百夫其中六十四井五百七十六夫出田稅三十六井三百二十四夫治洫四甸爲縣方二十里四縣爲都方四十里四都方八十里旁加十里乃得方百里爲一同也積萬井九萬夫其四千九十六井三萬六千八百六十四夫出田稅二千二百四井二萬七百三十六夫治洫三千六百井三萬二千四百夫治澮井田之法備於一同今止於都者采地食者皆四之一其制三等百里之國凡四都一都之田稅入於王五十里之國凡四縣一縣之田稅入於王二十五里之國凡四甸一甸之田稅入於王地事謂農牧衡虞也貢謂九穀山澤之材也賦謂出車徒給繇役也司馬法曰六尺爲步步百爲畮畮百爲夫夫三爲屋屋三爲井

井十爲通通爲匹馬三十家士一人徒二人通十爲成成百井三百家革車一乗士十人徒二十人十成爲終終千井三千家革車十乗士百人徒二百人十終爲同同方百里萬井三萬家革車百乗士千人徒二千人　釋曰鄭知此謂造都鄙者鄉遂公邑之中皆爲溝洫之法此經爲井田之法故知謂造都鄙也云采地制井田異於鄉遂者案遂人夫間有遂之等是溝洫法鄉田之制與遂同此經與匠人爲井田法其制與鄉遂不同故云采地制井田異於鄉遂也此雖不言異於公邑公邑亦與遂同故注匠人云異於鄉遂及公邑是也云重立國小司徒爲經之立其五溝五塗之界者此鄭意匠人於都鄙之中營造溝洫此小司徒又經之立五溝五塗之界則經丘甸縣都並據境界而言但此皆鄙是畿内之國小司徒與匠人共掌之云其制似井之字因取名焉者此解經井字謂正方一里之内方三百步百步爲一截縱亦二截横亦二截則爲九夫夫各百步其中爲井字故云似井字因取名焉名爲井田也

云孟子曰巳下至坐而定也者案孟子滕文公使大夫畢戰問孟子井田之法孟子對此辭孟子云經界者則此經九夫爲井巳下四縣爲都以上故引以證之鄭司農云井牧者春秋傳所謂井衍沃牧隰皋者也司農引春秋者襄公二十五年楚蔿掩書土田之事井衍沃者衍沃謂上地下平曰衍饒沃之地九夫爲一井牧隰皋者下濕曰隰近皋澤之地司農之意經有井牧故引以當之玄謂隰皋之地九夫爲牧二牧而當一井今造都鄙授民田有不易者家百畝有一易家二百畝有再易者家三百畝通率二而當一者是三家受六夫之地是隰皋之地二牧始當一井故云二而當一云是之謂井牧者此就足司農之義云昔夏后少康在虞思有田一成有衆一旅者此是哀公元年左氏傳伍員云昔過澆滅夏后相后緡方娠逃出自竇歸於有仍生少康焉爲仍牧正澆使椒求之逃奔有虞爲之庖正虞思於是妻之以二姚而邑諸綸有田一成有衆一旅是其事也言有田一成有衆一旅則地以上中下爲率

者以爲其成方十里九百夫之地一旅五百夫故知是通
率之通率之法正應四百五十人言一旅舉成數也亦容
不易者多云一旅之衆而田一成則井牧之法先古然矣
者鄭言此者井牧之法自夏而有非秖於周云九夫爲井
者方一里九夫所治之田也者一井之內地有九夫假令
盡是上地不易家有百畝中一夫入於公四畔八夫家治
百畝尚無九夫所治況其中或有一易再易所取數更少
今鄭云方一里九夫所治之田鄭據地有九夫而言非謂
有九家也云此制小司徒經之者即此文乃經土地是也
云匠人爲之溝洫者案匠人云井間有溝成間有洫同間
有澮是匠人爲之溝洫也云相包乃成耳者司徒立其界
匠人爲其溝相包含乃成其事耳云邑丘之屬者之屬中
含有甸及縣都云相連比以出田稅者從井邑至縣都從
內向外界相連比井稅一夫故言以出田稅云溝洫爲除
水害者尚書益稷云濬畎澮距川是其從畎遂溝洫次第
入澮入川故云爲除水害也云四井爲邑方二里四邑爲

丘方四里四丘爲甸甸之言乘也者欲見甸中出長轂一
乘云讀如衷甸之甸者案哀十七年衛侯爲虎幄於藉圃
成求令名者而與之始食焉大子請使良夫良夫乘衷甸
兩牡紫衣狐裘而至袒裘不釋劍而食大子數之三罪而
殺之鄭依此而言也引之者證甸得爲乘之義云甸方八
里旁加一里則方十里爲一成者欲就匠人解之匠人云
成方十里此言四丘爲甸甸與成其實一也故鄭覆解成
與甸相表裏之意云積百井九百夫者但一成之内方十
里開方之得百井井有九夫故云九百夫云其中六十四
井五百七十六夫出田稅者此就甸方八里而言八里之
内開方之八八六十四故云六十四井井有九夫故五百
七十六夫井稅一夫故云出田稅云三十六井三百二十
四夫治洫者此據甸方八里之外四面加一里爲成而言
成有百井中央八里除六十四井餘有三十六井井有九
夫故三百二十四夫治洫不使稅鄭言此者見經四丘爲
甸據實出稅而言故不言成也若然方里爲井井間有溝

溝廣四尺深四尺方十里爲成成閒有洫廣八尺深八尺
治溝洫者皆不出稅獨言治洫者據外而言其實治溝亦
不出稅愆在六十四井之内以洫言之矣云四甸爲縣方
二十里者甸方八里縣應方十六里云方二十里據通治
洫旁加一里爲成而言云四縣爲都方四十里者縣方二
十里四縣爲都故方四十里云四都方八十里者自此已
上並據通治洫而言云旁加十里乃得方百里爲一同也
者案匠人方百里爲同同閒有澮今言乃得方百里爲一
同者就匠人爲同解之云積萬井九萬夫者據百里開方
而言百里者縱横各百一行方一里者百百行故萬井一
井有九夫故有九萬夫云其四千九十六井三萬六千八
百六十四夫出田稅者此據從甸方八里出田稅四甸爲
縣縣方十六里四縣爲都都方三十二里四都方六十四
里據六十四里之内開方之縱横各一里一截爲六十四
截行別有六十四井六十四行計得四千九十六井井有
九夫四千九十六井計得三萬六千八百六十四夫是實

出田稅者云二千三百四井二萬七百三十六夫治洫者
此據甸方八里旁加一里爲成是不出稅治洫之夫而言
之也從四成積爲一縣縣方二十里四縣爲都都方四十
里四都方八十里開方之縱横各一里一截爲八十截一
行八十井八八六十四爲六千四百井就裏除四千九十
六井其餘二千三百四井在井有九夫二千三百四井爲
二萬七百三十六夫不出稅使之治洫也云三千六百井
三萬二千四百夫治澮者此據四成爲縣縣方二十里二
十里更加五里即爲大夫家邑也縣方二十五里四縣是
小都五十里是六鄉之采地四都爲方百里一同即爲三
公王子母弟之大都也但據百里開方之即爲萬井就萬
井之内除去六千四百井其餘三千六百井在井有九夫
則爲三萬二千四百夫不出稅使之治澮云井田之法備
於一同者案匠人云井間有溝成間有洫同間有澮是井
田之法備於一同也云今止於都者采地食者皆四之一
者解此四縣爲都據小都五十里而言是止於都也以其

采地食者皆四分之一稅入天子故云采地食者皆四之一也案上諸男之地亦四之一故云采地食者皆四之一云其制三等者謂家邑小都大都云百里之國凡四都一都之田稅入於王者百里國謂大都也四都謂方五十里者四小都成一大都一都之田稅入至其餘三都留自入云五十里之國凡四縣一縣之田稅入於王者五十里之國謂小都一縣田稅入於王餘三縣留自入云二十五里之國凡四甸一甸之田稅入於王者二十五里之國謂家邑也四甸之中以一甸之稅入於王其餘三甸留自入鄭兵言此者欲見四丘爲甸是家邑據稅於王者而言四甸爲縣是小都亦據一縣稅入於王者而言四縣爲都是大都亦據一都稅入於王者而言故鄭云井田之法備於一同今止於都者采地之稅四之一故以此解之云地事謂農牧衡虞也者謂采地之中亦有九職農則三農生九穀牧則藪牧以蕃鳥獸衡虞則虞衡作山澤之材九職唯言此三者以其經言地事故舉以言之其餘六者略而不言

矣云貢謂九穀山澤之材也者此貢還出於農衡也事既
無九職則貢中亦無九貢也云賦謂出車徒給繇役也者
以其采地之内無口賦出錢入天子之法故以賦爲軍賦
解之若然大宰九賦四曰家稍之賦五曰邦縣之賦六曰
邦都之賦者謂三等采地之外皆有公邑公邑之内口率
賦錢入於王家但公邑無名故借三等之號以表之故禮
雜問志云稍縣都鄙地有公邑之民口率出泉於王也邦
國都無口率之賦唯有軍賦革車匹馬士徒而已是也故
此鄭引司馬法證之司馬法者齊景公時大夫田穰苴作
司馬法至六國時齊威王大夫等追論古法又作司馬法
附於穰苴言晦百爲夫謂一夫之地方百步夫三爲屋屋
且也具出穀稅屋三爲井者謂九夫爲井似井字云井十
爲通者據一成之内一里一截從横各十截爲行一行十
井十行據一成一畔通頭故名井十爲一通通爲匹馬者
十井之内井有九夫十井爲九十夫之地宫室塗巷三分
去一唯有六十夫地在不易一易再易通率三夫受六夫

之地三十夫受六十夫之地唯三十家使出馬一匹故云通爲匹馬云士一人徒二人三十家出三人士謂甲士徒謂步卒云通十爲成成百井三百家革車一乘士十人徒二十人者一成之內有十通三百家者亦如前通率法一成之內地有九百夫宮室塗巷三分去一不易一易再易通率二而當一故一成唯有三百家革車一乘士十人徒二十人此謂天子畿內采地法鄭注論語道千乘之國亦引司馬法彼是畿外邦國法彼革車一乘甲士三人步卒七十二人甲士少步卒多此士十人徒二十人比畿外甲士多步卒少外內有異故也云十成爲終者謂同方百里之內十里一截爲縱橫各十截爲十行行別十成言十成爲終據同一畔終頭而言云終千井者十成百井故千井三千家革車十乘士百人徒二百人云十終爲同同方百里者謂之爲同者取象雷震百里所聞同故名百里爲同故云十終爲同同方百里萬井也云三萬家革車百乘士千人徒二千人者所計皆如上一成爲法其餘可知

凡出軍之法先六鄉賦不止次出六遂賦猶不止徵兵於公邑及三等采賦猶不止乃徵兵於諸侯大國三軍次國二軍小國一軍此軍等皆出於鄉遂賦猶不止則諸侯有遍境出之法則千乘之賦是也　乃分地域而辨其守施其職而平其政　釋曰小司徒佐大司徒主土地言分地域者謂建邦國之等各有營域遠近疆界辨其守者謂邦國都鄙之內所有山川使衡虞守之故云辨其守也施其職者謂施民者之職平其政者天下所有征稅皆平均之　注　分地域謂建邦國造都鄙制鄉遂也辨其守謂衡虞之屬職謂九職也政稅也政當作征故書域爲邦杜子春云當爲域　釋曰鄭知分地域謂建邦國造都鄙制鄉遂者案大司徒職掌天下土地之圖周知人民之數小司徒佐之明分地域者亦普及天下也是以知分地域之中有畿外邦國畿內都鄙及六鄉六遂鄭雖不言公邑地域之中亦含有四等公邑可知云辨其守謂衡虞之

屬者以其山川林澤皆使其地之民守之故其官川衡林衡山虞澤虞之官主當云職謂九職者此經皆論地事故知職是九職任萬民者也云政税也者以其經文承九職之下而云平其政者即是平九職之税故云政税也但經云政教之政故云政當作征以爲征字也云故書域爲邦杜子春云當爲域者故書云分地邦非其義意故子春還從域

凡小祭祀奉牛牲羞其肆 釋曰大司徒云祀五帝奉牛牲羞其肆今於小祭祀則小司徒奉牛牲羞其肆 注小祭祀王玄冕所祭 釋曰案司服職云羣小祀則玄冕彼注云小祭祀林澤百物其於天神亦有小祀則風師雨師之等小祭祀既用牛則王之祭祀無不用牛者案酒正注以六冕差之絺冕所祭亦入小祀中今鄭不言之者以其社稷五祀於祭饌之事入次祀中故宗伯云血祭社稷五祀五嶽故於此奉牛牲不言絺冕矣

小賓客令野脩道委積 注小

賓客諸侯之使臣　釋曰案大司徒職大賓客令野脩道委積謂五等諸侯來朝者此小賓客諸侯使卿大夫來聘故小司徒令野脩道委積大司徒

注令令遺人此雖無注亦與彼同　**大軍旅帥其衆庶**　注帥帥而致於大司徒　釋曰案大司徒職大軍旅以旗致萬民明此大軍旅帥其衆庶者小司徒於六鄉之內師其衆庶致與大司徒可知　**小軍旅巡役治其政令**　釋曰案大司徒大軍旅大田役而治其徒庶之政令故此小軍旅巡役小司徒治其政令　**注**　巡役小力役之事則巡行之　釋曰此經小軍旅謂使臣征伐對大軍旅天子親行此經巡役文承小軍旅下故知小功役之事則巡行之若大功役則大司徒巡行之　**大喪帥邦役治其政教**　釋曰云大喪者謂王喪帥邦役者邦國也帥領國民謂六鄉衆庶役使之事因即治其政教　**注**　喪役正棺引窆復土　釋曰鄭解經大喪所

役不據初死以其初死所役無多故據葬時而言言正棺
者謂若七月而葬朝廟之時正棺於廟引謂葬時引柩車
自廟至壙窆謂下棺於坎天子六綍四碑背碑挽引而下
棺云復土者掘坎之時掘土向外下棺之後反復此土以
爲丘陵故云復土也 **凡建邦國立其社稷正其畿疆之**
封 釋曰言邦國者謂立畿外諸侯邦國立其社稷者諸侯
亦有三社三稷謂國社侯社勝國之社皆有稷配之言
立其社稷謂以文書法度與之不可國國身往也正 **注**
其畿疆者謂九畿畿上皆有疆界封樹以爲阻固也
畿九畿 釋曰案司馬除王畿以外仍有九畿謂侯甸男
采衛要以內六服爲中國其外更言夷鎮蕃三服爲夷狄
王畿四面皆有此九畿相去
各五百里故云畿謂九畿 **凡民訟以地比正之**
注鄭司農云以田畔所與比正斷其訟 釋曰民訟六鄉
之民有爭訟之事是非難辨故以地之比鄰知其是非者

共正斷其訟**地訟以圖正之**注地訟爭疆界者圖謂邦國本圖　釋曰言地訟爭疆界者謂民於疆界之上横相侵削者也圖謂邦國本圖者凡量地以制邑初封量之時即有地圖在於官府於後民有訟者則以本圖正之**歲終則攷其屬官之治成而誅賞**釋曰歲終者謂周之歲終建亥之月則考其屬官之治成者屬官謂敎官六十成謂計簿正所治計會文書而誅賞者據其考狀有罪則誅責之有功則賞賜之**注**治成治事之計　釋曰知治成是治事之計者案宰夫職歲計言會月計言要日計言成故知此成是治事之計也**令羣吏正要會而致事**釋曰云令羣吏正要會者羣吏謂當職六十官此亦是歲終之時正要會而致事者上經成據日小成之計此言要會謂是月計歲計揔爲簿書而致其事之功狀以待考也**正歲則帥其屬而**

觀教灋之象徇以木鐸曰不用灋者國有常刑令羣吏憲禁令脩灋糾職以待邦治釋曰大司徒以正月之吉始和十二教之等正歲建寅之月縣之此小司徒佐大司徒於正歲縣教象之時率其六十官之屬於雉門之外而觀教法之象也徇以木鐸已下者謂觀教象之時恐衆人雜合不聽用其教而徇行振以木鐸使静聽之告之曰不用法者國有常刑言此者使人懼而用之又令羣吏憲禁令者謂禁人使行不爲非憲謂表縣之也謂若小宰縣禁令文書使百官用云脩灋糾職者謂脩其法制糾察職事以待邦治者以待國家有治則供之注憲表縣之釋曰此憲與布憲之字同彼是表縣刑禁以示人此憲亦是將以示人故云憲表縣之也及大比六鄉四郊之吏平教治正政

事攷夫屋及其衆寡六畜兵器以待政令

釋曰言及大比者亦是三年大校比戶口云六鄉四郊之吏者謂是六鄉之内比長閭胥已上布列在於四郊云平教治者以其三年大比之時大黜陟之禮故斷其教治文書正政事者復須正直其政事公狀考夫屋者考練其三夫爲屋出地貢之時以相保任不得隱誤及其衆寡者謂人民多少六畜兵器者謂民之資生及征伐之器以待政令者以待國家政令所須則供之也

注 四郊之吏吏在四郊之内主民事者夫三爲屋屋三爲井出地貢者三三相任

釋曰四郊之吏吏在四郊之内主民事者遠郊之外爲六遂内爲六鄉六鄉之民非直在城中亦在四郊故比長閭胥六鄉之吏等布在四郊之内主民事者也云夫三爲屋屋三爲井者鄉遂之内既不爲井田而爲溝洫之法今云夫三爲屋屋三爲井者以其溝洫雖爲貢出貢之時亦三三相保任以出穀稅故鄭云出地貢者三三相任

也一井之内九夫三夫爲屋是一屋三夫自相保任故三三相任據一井而言也似井田之法亦八家糊一夫入於公相保任以出穀者也

周禮疏卷第十一

周禮疏卷第十二

唐朝散大夫行大學博士弘文館學士臣賈公彦等撰

鄉師之職各掌其所治鄉之教而聽其治

注聽謂平察之　釋曰云各掌其所治鄉之教者鄉師四人其鄉有六二人共主三鄉故言各掌其所治鄉之教也云而聽其治者自鄉大夫以下至伍長各自聽斷其民今鄉師又聽其治者恐鄉官有濫失審察之故鄭云聽謂平察之

以國比之灋以時稽其夫家衆寡辨其老幼貴賤癈疾馬牛之物辨其可任者與其施舍者掌其戒令糾禁聽其獄訟

注施舍謂應復免不給繇役　釋曰云以國比之法者案小司徒職云九比之數以辨其貴賤老幼癈疾此鄉師以小司徒國比之法云以時稽其夫家衆寡者謂四時稽考其夫家男女衆寡多少云辨其可任者謂上地家七人可任者家三人之等云與其施舍者鄭云謂應復免不給繇役即上云癈疾老幼者是也

大役則帥民徒而至治其政令既役則受州里之役要以攷司空之辟以逆其役事　釋曰言大役者謂築作堤防城郭等大役使其民鄉師則於當鄉之內帥民徒而至至謂至作所也云治其政令者於所帥民徒之中政令也云既役則受州里之役要者所役之民出於州里今欲鈎考作所功程須得所遣民徒本數故云既役則受州里之役要役要則役人簿要云以考司空之辟者辟謂功程司空主役作故將此役要以鈎考司空之功程云以逆

其役事者逆則鉤考也 而至至作部曲也既已也役
鉤考役事者恐有濫失 注 要所遣民徒之數辟功作章
程逆猶鉤考也鄭司農云辟法也 釋曰云而至至作部
曲也者所營作之處皆有部曲分别故云部曲也云辟功
作章程者功作之事日日錄其程限謂之章程鄭司農
云辟法也考功作章程則是法於義得通故引之在下 凡
邦事令作秩叙 釋曰邦國也凡國家有功作之事故云邦事也令作秩叙者秩常也功作
之處皆出政令使多少有常 注 事功力之事秩常也叙猶
事有次叙故云令作秩叙 次也事有常次則不偏匱
釋曰言事有常次則不偏匱者謂營作之事多少有
常事有次叙則民不爲偪迫又不匱乏故云不偏匱 大祭
祀羞牛牲共茅蒩 釋曰案大司徒職云奉牛牲此又云羞牛牲者鄉師佐大司徒故此
云羞牛牲也云共茅蒩者案甸師職共蕭茅被直共茅與
此鄉師鄉師得茅束而切之長五寸立之祭前以藉祭故

云茅杜子春云蒩當爲菹以茅爲菹若葵菹也鄭大夫

蒩也**注**讀蒩爲藉謂祭前藉也易曰藉用白茅無咎玄謂蒩士虞禮所謂苴刌茅長五寸束之者是也祝設于几東席上命佐食取黍稷祭于苴三取膚祭祭如初此所以承祭既祭蓋束而去之守祧職云既祭藏其隋是與 釋曰杜子春云蒩當爲菹以茅爲菹若葵菹者但茅草不堪食故後鄭不從鄭大夫讀蒩爲藉謂祭前藉此後鄭從之又引易曰藉用白茅無咎者大過初六爻辭引之者證蒩爲藉之義玄謂蒩士虞禮所謂苴刌茅長五寸束之者是也引之者欲見其蒩爲祭之藉此增成鄭大夫之義又云祝設于几東至所以承祭解所以藉祭之意云既祭蓋束而去之并引守祧職者欲見此是祭神之餘不可虛棄必當藏之所藏者即守祧職既祭藏其隋是也言隋者謂祭黍稷三及膚祭如初皆隋減以祭之故名爲隋以其無正文故言蓋與以疑也

大軍旅會同正治其徒役與其

輂輦戮其犯命者釋曰云大軍旅者謂王行征伐云大會同者謂王於國外

與諸侯行時會殷同也云正治其徒役者謂六軍之外别有民徒使役皆出於鄉故鄉師治其徒役云與其輂輦者輂駕馬所以載輜重輦所以載任器亦鄉師治之故云與其輂輦也云戮其犯命者謂徒役之中有犯教命者亦鄉師刑戮之

注馬法曰夏后氏謂輦曰余車殷曰胡奴車周曰輜輦輦一斧一斤一鑿一梩一鉏周輦加二版二築又曰夏后氏二十人而輦殷十八人而輦周十五人而輦故書輦作連鄭司農云連讀爲輦

釋曰知輂是駕馬者以其輂是人輓行故輂是駕馬可知知輦不駕牛者以其牛唯駕大車柏車等云所以載任器也者謂任使之器則司馬法所云者是也引司馬法曰夏后氏謂輦曰余車殷曰胡奴車者胡則北狄是也周曰輜輦以其載東輜重云一梩者或解以爲插也或解以爲鍬也鍬插亦不殊云周輦加二

版二築者築者築杵也謂須築軍壘壁又曰夏后氏二十人而輦以下亦是司馬法文以上說所載任器以下說輓人多少前代寬質無版築輓人多後代狹劣加版築輓大人少引之者證周輦即此經輦一也又并見所載之器

喪用役則帥其民而至遂治之注治謂監督其事 釋曰言大喪用役謂若喪時輓六引之等鄉之大夫既主鄉民役用鄉民之時鄉師遂治之云治謂監督者謂監當督察其事

及葬執纛以與匠師御匶而治役 釋曰言及葬者及至葬引向壙執纛者纛謂羽葆幢也鄉師執羽葆幢却行在柩車之前以與匠師御柩謂在路恐有傾覆故與匠師御正其柩而治役者亦謂監督役人也○**注**匠師事官之屬其於司空若鄉師之於司徒也鄉師主役匠師主衆匠共主葬引輴記曰外正柩諸侯執綍五百人四綍皆銜枚司馬執鐸左八人右八人匠人執翿以御柩天子六引禮依此云

鄭司農云翿羽葆幢也爾雅曰纛翳也以指麾輓柩之役
正其行列進退　釋曰匠師事官之屬者以其事官卑主
工匠之職此官又名匠師故知匠師事官之屬官也云其
於司空若鄉師之於司徒也者地官之考稱鄉師春官之
考稱肆師秋官之考稱士師唯有天官之考稱宰夫夏官
之考稱軍司馬自外皆稱師此經鄉師是司徒考明匠師
亦是司空考故云其於司空若鄉師之於司徒案天官註
冬官亡未聞其考此云匠師冬官考者彼據冬官亡故云
未聞其考此據匠師與鄉師相對以義約之故云匠師冬
官考也云鄉師主役匠師主衆匠共主葬引者冬官亡雖
無文以其主匠即知共葬也雜記曰升正柩者案彼注謂
將葬朝於祖正棺於廟云諸侯執綍五百人鄭彼注云一
黨之民云四綍皆銜枚者謂引之時銜枚所以止讙囂云
執鐸左八人右八人者謂夾柩車匠師執翿羽葆幢此諸
侯之禮引之者以天子無文引以況天子之法案彼鄭注
天子千人與言執翿羽葆幢者彼文唯有執翿無羽葆幢

之言令云羽葆幢者鄭因釋翿是羽葆幢又引爾雅曰纛
翳也以指麾輓柩之役正其行列進退者天子六紼千人
輓之執翿者柩車恐傾側執翿者指麾輓柩之役人役人
治喪者使柩車令不傾側又千人輓柩以持六紼恐行列
進退失所皆以翿指麾之故云正其行列進退也雜記及
諸侯禮匠師執翿此天子禮鄉師執翿尊卑不同也

窆執斧以涖匠師 釋曰及至也窆是下棺也至壙
下棺之時鄉師執斧以涖匠師
匠師主衆匠恐下棺不得所須 注 匠師主豐碑之事執斧
有用斧之事故執斧以臨視之以涖之使戒其事故書
涖作立鄭司農云窆謂葬下棺也春秋傳曰日中而傰禮
記所謂封者立讀爲涖涖謂臨視也 釋曰云匠師主豐
碑之事者案檀弓云公室視豐碑三家視桓楹鄭彼注天
子斲大木爲之豐大也天子六紼四碑前後各一碑各重
鹿盧兩畔各一碑皆單鹿盧天子千人分置於六紼皆背
碑負引擊鼓以爲縱舍之節匠師主當之故云匠師主豐

碑之事也云執斧以涖之使戒其事者鄉師執斧以臨之
者恐匠師不戒其事須有用斧之處故執斧助之使匠師
戒其事又云故書涖作立者於義無取後鄭讀還從涖司
農云窆謂葬下棺也者三禮及諸文但言窆者皆是下棺
故收春秋傳也案左氏昭十二年三月鄭簡公卒將葬司
墓之室有當道者毀之則朝而堋弗毀則日中而堋子大
叔請毀之子產遂不毀日中而葬又引禮記所謂封者案
王制庶人縣封而葬喪大記亦云以鼓封皆為封字堋封
及此經窆字雖異皆是下棺之事云立
讀為涖涖謂臨視也者謂臨視匠師也　凡四時之田

前期出田灋于州里簡其鼓鐸旗物兵
器脩其卒伍　釋曰言四時之田者謂春蒐夏苗等凡
田獵人徒等皆出於州里故未田獵之
前須鼓鐸旗物之器故預簡閱云脩其卒伍者
謂百人為卒五人為伍皆須脩治預為配當　注田法人徒及所

當有　釋曰云人徒者即經卒伍是也及所當有者則經鼓鐸旗物兵器是也及期以司徒之大旗致衆庶而陳之以旗物辨鄉邑而治其政令刑禁巡其前後之屯而戮其犯命者斷其爭禽之訟釋曰云及期者謂至田獵之期日云以司徒之大旗致衆庶者鄉師爲司徒致衆庶故還用司徒之大旗言致衆庶者謂植旗期民於其下云而陳之以旗物者陳列衆庶之時亦植旗於行首云辨鄉邑者田獵之時非直有六鄉之衆亦有公邑之民分別之云而治其政令刑禁者鄉師治其民庶政令及刑禁等云巡其前後之屯者謂兵衆屯聚各有車徒各於前後而巡行之而戮其犯命者但民庶之等各有軍將教命犯命者則戮之又云斷其爭禽之訟者田獵得大獸公之小禽私之有爭禽之訟鄉師斷之注

司徒致衆庶者以熊虎之旗此又以之明爲司徒致之大夫致衆當以鳥隼之旟陳之以旗物以表正其行列辨別異也故書巡作述屯或爲臀鄭大夫讀屯爲課殿杜子春讀爲在後曰殿謂前後屯兵也玄謂前後屯車徒異部也今書多爲屯從屯　釋曰云司徒致衆庶者以熊虎之旗者司常職云熊虎爲旗此經云司徒大旗故知司徒自致衆庶以熊虎爲旗也云此又以之明爲司徒致之者此鄉師也經云以司徒大旗明用司徒大旗故知爲司徒致之也云大夫致衆當以鳥隼之旟者案司常陳九旗之次云日月爲常交龍爲旂通帛爲旜雜帛爲物熊虎爲旗鳥隼爲旟又云孤卿建旜大夫士建物大司徒既是卿官尋常建旜在軍建熊虎卿既是大夫官尋常建物在旜下明在軍當以鳥隼之旟在熊虎下可知云鄭大夫讀屯爲課殿者未知鄭大夫所讀更出何文或謂當時俗有課殿之語故讀從之云杜子春讀爲在後曰殿者謂軍在前曰啓在後曰殿玄謂前後屯兵也者屯兵則是殿兵也玄謂前後

屯車徒異部也者謂大司馬云險野人爲主易野車爲主是車徒異部也云今書多爲屯從屯者謂故書之内爲殿者少爲屯者多以多言之宜從屯凡四時之徵令有常者以木鐸徇於市朝釋曰云凡四時徵令有常者鄉師各於其鄉内以木鐸警戒巡於市朝使民知之注徵令有常者謂田狩及正月命脩封疆二月令雷且發聲釋曰徵令有常者謂田狩春蒐夏苗秋獮冬狩四時田獵獨言狩者略舉冬言之云及正月命脩封疆者案月令孟春之月命脩封疆謂田之界分也云二月命雷且發聲者案月令仲春之月先雷三日奮木鐸以令兆民曰雷將發聲有不戒其容止者生子不備必有凶災言此等政令皆有常時故引之以證徵令有常者也以歲時巡國及野而賙萬民之囏阨以王命施惠釋曰以歲之困阨之

時鄉師巡於國及至野外賙給萬民之有囏阨者云以王命施惠者言於其時以王命施布恩惠於下民也 注 歲時者隨其事之時不必四時也囏阨飢乏也鄭司農云賙讀爲周急之周 釋曰言歲時者隨其事之時不必四時也者鄭知不是四時者以其艱阨是非常之事故不得爲四時解之鄭司農云賙讀爲周急之周者讀從論語周急不繼富之周

歲終則攷六鄉之治以詔廢置 釋曰云歲終者謂周之季冬云則攷六鄉之治者謂鄉師責其治政文書考其功過云以詔廢置者有功則置之有過則廢之詔告也告王與冢宰廢置之

正歲稽其鄉器比共吉凶二服閭共祭器族共喪器黨共射器州共賓器鄉共吉凶禮樂之器 釋曰正歲稽鄉器者此一句與下爲摠目正歲謂建

寅之月稽考也鄉師各自考校當鄉之器服云比共吉凶二服者五家爲比比長一人主集合五家相共吉凶二服云閭共祭器者二十五家爲閭閭胥一人主集合祭器使相共云族共喪器者百家爲族族師一人主集合喪器使相共云黨共射器者五百家爲黨黨正一人主集合射器以共州長之射云州共賓器者二千五百家爲州州長一人主集合賓器以共鄉大夫行鄉飲酒之禮云鄉共吉凶禮樂之器者萬二千五百家爲鄉鄉大夫主集此四器恐州黨已下有故不能自共即旁相共也

注 吉服者祭服也凶服者弔服也比長主集爲之祭器者簠簋鼎俎之屬閭胥主集爲之喪器者夷槃素俎揭豆輁軸之屬族師主集爲之此三者民所以相共也射器者弓矢楅中之屬黨正主集爲之爲州長或時射於此黨也賓器者尊俎笙瑟之屬州長主集爲之爲鄉大夫或時賓賢能於此州也吉器若閭祭器者也凶器若族喪器者也禮樂之器若州黨賓射之器者鄉大夫備集此四者爲州黨族閭有故而

不共也此鄉器者旁使相共則民無廢事上下相補則禮
行而敎成　釋曰云吉服者祭服也者當此內無祭事其
於族祭酺黨祭禜州祭社之等無過用朝服又知凶服是
弔服者若人喪裳是常服主人自共其弔服是暫服可以
相共故知是弔服其庶人弔服無過素冠與深衣而已云
比長主集爲之者雖五家之內亦當有官首若非比長主
集民不自課故知比長主集爲之云祭器者簠簋者案特
牲同姓用簋少牢皆用敦同姓者乃用簋今言簋者况義
耳云喪器者夷槃者案喪大記士併瓦盤大夫乃用夷盤
今庶人實不得用夷盤引之者以况喪器非謂庶人得用
夷盤也云素俎楬豆者案士喪禮小斂有素俎大斂有楬
豆兩籩無縢此不言籩籩無縢者文略也云輁軸之屬者案
既夕禮士朝廟用輁軸以載柩此庶人無輁軸引之者亦
以况義知非族內有大夫士得用夷盤輁軸者以其大夫官
有禄位不在共限故知引以况義不言棺槨亦主人自共
之也故閭師云不樹者無槨此三者並是罰物所爲知者

案載師職云宅不毛者有里布田不耕者有屋粟鄭玄云罰之以共吉凶二服及喪器鄭不云祭器文略有祭器可知鄭知必用罰物不用官物爲之者以其不爲官事明不用官物可知云射器者弓矢楅中之屬者案鄉射大射皆云執張弓挾乘矢楅在庭中射訖命弟子取矢置于楅以八筭置于中士則鹿中之等是也云之屬者之屬中容有侯之等云爲州長或時射于此黨也者一州管五黨州長春秋二時射於序學要在一黨之中故云或時射於此黨又云賓器者尊俎笙瑟之屬者案鄉飲酒三年貢士之時行飲酒之禮即有酒尊俎實二人鼓瑟在堂笙入在於堂下故言尊俎笙瑟言之屬者更有籩豆之等云爲鄉大夫或時賓賢能於此州也者一鄉管五州鄉大夫行鄉飲酒之時必在一州之内此州則共之故云或時賓賢能於此州也云吉器若閭祭器者也凶器若族喪器者也者以其鄉大夫備集此四器恐閭族已下有故不得自共故知還是閭族黨州所當共者也故云吉器若閭祭器者也凶器

若族喪器者也云禮樂之器若州黨賓射之器者連州黨并言之者以其州黨射器賓器二者皆有禮器樂器故然黨并言之自射器已下皆爲國行禮得官物所爲不出民物故酒正云凡爲公酒者亦如之注云謂鄉射飲酒以公事作酒者亦以式法及酒材授之使自釀之酒材尚得公物明此器等亦出官物可知以其爲官行禮故也云上下相補者自比共吉凶二服至州共賓器已上是下之相補鄉共吉凶禮樂之器者是上之相補故云上下相補云禮行而教成者庶民乏於財物闕於禮儀教化不成今以器服共之即禮行而教成也

若國大比則攷教察辭稽器展事以詔誅賞注考教視賢能以知道藝與不察辭視吏言事知其情實不展猶整具釋曰若國大比者謂三年大比之時則鄉師考教學之官知其道藝進不云察辭者視官中之吏辭之虛實云稽器者謂考鄉中禮器兵器之等云展事者謂行事展省視之知

其善惡謂告之在上
善者賞之惡者誅之
鄉大夫之職各掌其鄉之政教禁令釋曰六鄉大夫各掌其鄉之政令及十二教與五禁號令皆掌之注鄭司農云萬二千五百家爲鄉釋曰案上文五州爲鄉故知萬二千五百家爲鄉正月之吉受教灋于司徒退而頒之于其鄉吏使各以教其所治以攷其德行察其道藝釋曰言正月之吉者謂建子之月朔之日云受灋於司徒者謂若大司徒職十二教已下其法皆受於司徒而來云退而頒之于其鄉吏者謂巳於司徒受得教法遂分與州長已下至比長云使各以教其所治者亦謂州長已下至比長各教所治也云攷其德行者謂鄉大夫以鄉三物教萬民遂考校其萬民有六德六行之賢者云察其道藝者謂萬民之中有六藝者並擬

賔之注其鄉吏州長以下釋曰以其比長以上至州長皆屬鄉大夫故知鄉吏州長以下至比長以
歲時登其夫家之衆寡辨其可任者國
中自七尺以及六十野自六尺以及六十
有五皆征之其舍者國中貴者賢者能
者服公事者老者疾者皆舍以歲時入其
書釋曰云以歲時者謂歲之四時登猶成也定也夫家謂男女謂四時成定其男女多少云辨其可任者謂
分辨其可任使者云國中自七尺以及六十者七尺謂年一十知者衆韓詩外傳二十行役與此國中七尺同則知
七尺謂年二十云野自六尺以及六十有五者六尺謂年十五故論語云可以託六尺之孤鄭注云六尺之孤年十

五巳下彼大尺亦謂十五鄭言巳下者正謂十四巳下亦
可以寄託非謂六尺可通十四巳下鄭必知六尺年十五
者以其國中七尺爲二十對六十野云六尺對六十五晚
校五年明知六尺與七尺早校五年故以六尺爲十五也
云皆征之者所征稅者謂築作挽引道渠之役及口率出
錢若田獵五十則免是以祭義云五十不爲甸徒若征伐
六十乃免是以王制云六十不與服戎彼二者並不辨國
中及野外之別云其舍者謂不給繇役則國中貴者巳下
是也云以歲時入其書者此上所云皆歲之四注登成也
時具作文書入於大司徒故云歲時入其書也足也國
中城郭中也晚賦稅而早免之以其所居復多役少野早
賦稅而晚免之以其復少役多鄭司農云征之者給公上
事也舍者謂有復除舍不收役事也貴者謂若今宗室及
關內侯皆復也服公事者謂若今吏有服除也老者謂若
今八十九十復羨卒也疾者謂若今癃不可事者復之玄
謂入其書者言於大司徒　釋曰云登成也定也者以其

夫家衆寡若不作文書則多少齒歲不定若作文書多少
成定故云登成也定也云國中城郭中也者以其對野故
知國中是城郭中也云晚賦稅而早免之者以其經云七
尺及六十對野中六尺至六十五是其晚賦稅而早免之
云以其所居復多役少者以此經云國中貴者至疾者皆
舍據國中而言是其國中復多役少也鄭司農云四事皆
若今者並舉漢法況之玄謂入其書者言於大司徒知
者以其上云受法於司徒故知入其書者言於大司徒

三年則大比攷其德行道藝而興賢者能者鄉老及鄉大夫帥其吏與其衆寡以禮禮賓之

釋曰三年一閏天道小成則大案比當鄉
之內云考其德行道藝者德行謂六德六
行道藝謂六藝云而興賢者則德行之人也能者則道藝
之人也云鄉老及鄉大夫帥其吏者謂州長以下云與其

衆寡者謂鄉中有賢者皆集在庠學云以禮禮賓之注
者以用也用鄉飲酒之禮以禮賢者能者賓客舉之
賢者有德行者能者有道藝者衆寡謂鄉人之善者無多
少也鄭司農云興賢者謂若今舉孝廉興能者謂若今舉
茂才賓敬也賓所舉賢者能者玄謂變舉言興者謂合衆
而尊寵之以鄉飲酒之禮禮而賓之　釋曰云賢者有德
行者欲見賢與德行爲一在身爲德施之爲行內外兼備
即爲賢者也云能者有道藝者鄭亦見道藝與能爲一上
注云能者政令行以其身有道藝則政教可行是能者也
云衆寡謂鄉人之善者無多少也者案鄉飲酒堂上堂下
皆有衆賓不言其數此經衆寡兩言無問多少皆來觀禮
故云無多少也鄭司農云若今舉孝廉及茂才者孝悌廉
絜人之德行故以孝廉況賢者茂才則秀才也才人之技
藝故以況能者也玄謂變舉言興者案禮記文王世子云
或以事舉或以言揚故今貢人皆稱舉今變舉言興云謂
合衆而尊寵之者合衆即此經云鄉老及鄉大夫已下是

也云鄉飲酒之禮者則儀禮篇飲酒賓舉之法是也厥明鄉老及鄉大夫羣吏獻賢能之書于王王再拜受之登于天府內史貳之釋曰厥明者謂今日行鄉飲酒之禮也至其明日表奏於王注厥其也其賓之明日也獻猶進也王拜受之重得賢者王上其書於天府天府掌祖廟之寶藏者內史副寫其書者當詔王爵祿之時釋曰云天府掌祖廟之寶藏者是春官天府職文也引之者欲見天府掌寶物賢能之書亦是寶物故藏於天府云內史副寫其書者貳副也內史副寫一通文書擬授爵祿案內史職有策命諸侯羣臣之事故使內史貳之退而以鄉射之禮五物詢衆庶一曰和二曰容三曰主皮四曰和容五曰興舞釋曰言退者謂

獻賢能之書於王退來鄉內云以鄉射之禮者州長春秋
二時習射於序名爲鄉射令鄉大夫還用此鄉射之禮云
五物詢衆庶者物事也 注 以用也行鄉射之禮而以五物
一曰二曰已下是也 詢於衆民鄭司農云詢謀也問
於衆庶寧復有賢能者和謂閨門之內行也容謂容貌也
主皮謂善射射所以觀士也故書舞爲無杜子春讀和容
爲和頌謂能爲樂也無讀爲舞謂能爲六舞玄謂和載六
德容包六行也庶民無射禮因田獵分禽則有主皮主皮
者張皮射之無侯也主皮和容興舞則六藝之射與禮樂
與當射之時民必觀焉因詢之也孔子射於矍相之圃蓋
觀者如堵牆射至於司馬使子路執弓矢出誓射者又使
公罔之裘序點揚觶而語詢衆庶之儀若是乎 釋曰行
鄉射之禮者案今儀禮鄉射云豫則鉤楹內堂則由楹外
又云序則物當棟堂則物當楣堂謂鄉學據鄉大夫所行
射禮也豫謂州長春秋二時習射於序司農云和謂閨門
之內行也者以其父子主和故和謂閨門之內行也 云容

謂容貌也者以其容是容儀故知容貌也後鄭不從此義杜子春讀和容爲和頌謂能爲樂也者與舞即舞樂今又以和容謂能爲樂故後鄭亦不從玄謂和載六德容包六行也者破司農子春之義案大司徒以鄉三物教萬民教成則興之明此詢者還是三物之内不是三物之外別有和容又且主皮興舞是六藝之內明此和容是六德六行之中在下謂之載和在六德之下故云和載六德云容包六行者在上謂之包容則孝也孝在六行之上故云容包六行必知容得爲孝者案漢書高堂生善爲容容則禮也善爲孝者必合於禮之容儀故以孝爲容者也云庶民無射禮者天子至士有大射燕射賔射之等庶人則無此射禮故云無射禮也云因田獵分禽則有主皮者案大司馬職大獸公之小禽私之者至舍更與在田之人射則取之則有云主皮主皮者張皮射之無侯也者自士已上張皮侯采侯獸侯庶人主射此皮故云主皮無侯也云主皮和容興舞則六藝之射與禮樂與者以此三者當之故以主

皮當射和容當禮與舞當樂若然三物之中其事一十有
八今六德之中唯問和六行之中唯問容六藝之中唯問
禮樂獨問此者既貢賢於王其餘則未能盡備故略舉五
者以問之六德是其大者故問下之和者六行是其小者
故問上之孝者也六藝之中禮以安上治民樂以移風易
俗男子生設弧於門左射是男子之事此者人行之急故
特言之自餘略而不說又云當射之時民必觀焉因論之
也者案鄉射記唯君有射于國中其餘則否注云臣不習
武事於君側以其鄉射在城外衆庶皆觀焉故得論此五
物云孔子射於矍相之圃已下者此是禮記射義文天子
諸侯射先行燕禮卿大夫士射先行鄉飲酒之禮時孔子
爲鄉大夫鄉射之禮先行飲酒禮故云孔子射於矍相之
圃矍相地名以其臣不得在國射故射於矍相之圃蓋觀
者如堵墻者以其鄉内衆庶皆集在射所故云觀者如堵
墻云射至於司馬者以其飲酒之禮必立司正於將射變
司正爲司馬也案鄉射大射司射執弓矢今此云子路執

乃矢則子路爲司射也云子路出誓者以其衆庶多不可盡與之射故誓去之云云又使公罔之裘序點揚觶而語者案鄉飲酒之禮一人舉觶爲旅酬始二人舉觶爲無筭爵始射在無筭爵前今誓在無筭爵後者但射實在無筭爵前今未射之前用此無筭爵禮二人舉觶之法以誓衆庶耳非謂此射在無筭爵後云詢衆庶之儀若是乎者孔子爲諸侯鄉大夫此經是天子鄉大夫引彼以證此故云乎以疑之

此謂使民興賢出使長之使民興能入使治之

釋曰言此謂使民興賢者謂上經賓舉者皆民中舉之還使治民故云此謂使民興賢出使長之謂使鄉外與民爲君長云使民興能入使治之者謂能者復來入

注言是乃所謂使民自舉賢者因出之而使之長民教以德行道藝於外也使民自舉能者因入之而使之治民之貢賦田役之事於內也言爲政以順民爲本也書曰天聰明自我民聰

明天明威自我民明威老子曰聖人無常心以百姓心爲心如是則古今未有遺民而可爲治　釋曰云使民自舉賢者因出之而使之長民教以德行道藝於外也者以賢者德大故遣出外或爲都鄙之主或諸侯皆可也以其自有德行道藝故還使之教民以德行道藝云使民自舉能者因入之而使之治民之貢賦田役之事於内也者以其能者德小不可以爲大夫諸侯等故還入鄉中量德大小以爲比長鄰長已上之官治民之貢賦田役於内也云言爲政以順民爲本也者禮記云上酌民言則下天上施上不酌民言則不下天上施故言爲政以順民爲本也書曰天聰明已下是尚書咎繇篇之文也自用也言天雖聰明視聽既遠不自用已之聰明用民之聰明民之歸者則授之以天位謂若湯武是也天明威自我民明威者威畏也天雖明察可畏不自用已之明威用我民明威民所叛者則討之謂若桀紂是也云老子曰聖人無常心以百姓心爲心者但聖人形如枯木心若死灰空洞無我故無常心

以百姓之心爲心引之者證順民爲本之意云如是則古今未有遺民而可爲治者天聰明是古老子與此文爲今皆順民爲治故云古今未有遺民而可爲治也

歲終則令六鄉之吏皆會政致事 注會計也致事言其歲盡文書 釋曰年終將考其得失則令六鄉之吏州長已下皆計會教政之功狀致其所掌之事於鄉大夫鄉大夫得之致與大司徒然後考之

正歲令羣吏攷灋于司徒以退各憲之於其所治 釋曰正歲建寅之月鄉大夫令州長已下羣吏令使考法於司徒正謂受而考量行之故云以退各憲之於其所治憲者表縣之也

國大詢于衆庶則各帥其鄉之衆寡而致於朝 釋曰國有大事必順於民心故與羣庶詢謀則六鄉大夫各帥其鄉之衆寡而致於朝謂

外朝三槐九棘之所共詢謀之 注 大詢者詢國危詢國遷詢立君鄭司農云大詢于衆庶洪範所謂謀及庶民 釋曰知大詢詢國危詢國遷詢立君者案小司寇職云掌外朝之政以致萬民而詢焉一曰詢國危己下此亦云國大詢于衆庶而致於朝故知大詢者詢國危之等此三者皆是國之大事故稱大詢小司寇雖不云大大卜云大貞即此詢國危之等也鄭司農云大詢於衆庶引洪範所謂謀及庶民者彼謀及庶民即大詢於衆庶一也故引為證

國有大故則令民各守其閭以待政令

釋曰大故謂災變寇戎之等警急須人故鄉大夫令 注

州長已下使民各守其閭胥所治處以待國之政令

使民皆聚於閭胥所治處 釋曰二十五家為閭中士為閭胥則有治政之處以聚其民

以旌節輔令則達之 注 民雖以徵令行其將之者無節則不得通 釋曰國有大事故恐有姦寇故

使民徵令出入來往皆須得旌節輔此徵令文書乃得通達使過故鄭云民雖以徵令行其將之者無節則不得通

州長各掌其州之教治政令之灋 釋曰一鄉管五州中大夫一人爲州長故云州長各掌其州之教也教謂十二教云治政令之法者謂十二教之外所施政令皆治之 注鄭司農云二千五百家爲州論語曰雖州里行乎哉春秋傳曰鄉取一人焉以歸謂之夏州 釋曰二千五百家爲州者雖無正文約則有之案上文五家爲比五比爲閭四閭爲族五族爲黨五黨爲州州二千五百家也又引春秋傳曰巳下者案左氏宣公十一年傳曰楚子伐陳遂入陳殺夏徵舒因縣陳申叔時諫乃復封陳鄉取一人焉以歸謂之夏州注云言取討夏徵舒之州引此者以證有州之義也

正月之吉各屬其州之民而讀灋以攷其德行道藝而勸之以糾其過惡

而戒之 釋曰謂建子之月一日也各屬其州之民者屬猶合也聚也謂合聚一州之民也而讀法者謂對衆讀一年政令及十二教之法使知之云以考其德行道藝而勸之者謂考量民之六德六行及六藝之道藝而勸勉之使之勤脩云以糾其過惡而戒之者民有過惡糾察與之罪而懲戒之 **注** 屬猶合也聚也因聚衆而勸戒之者欲其善 釋曰言因聚衆而勸戒之者謂欲勸戒之必須聚衆故言因聚衆而勸戒之欲其善也

若以歲時祭祀州社則屬其民而讀灋亦如之春秋以禮會民而射于州序 釋曰上云歲時皆謂歲之四時此云歲時唯謂歲之二時春秋耳春祭社以祈膏雨望五穀豐熟秋祭社者以百穀豐稔所以報功故云祭祀州社也云則屬其民而讀法亦如之音凡讀法皆因節會以聚民今既祭因聚民而讀法故云

亦如之云春秋以禮會民而射于州序者州長因春秋二時皆以禮會聚其民而行射禮于州之序學中言以禮者亦謂先行鄉飲酒之注序州黨之學也會民而射所以正禮乃射故云以禮也其志也射義曰射之爲言繹也繹者各繹己之志釋曰此知序州黨學者案下黨正亦云飲酒于序故知州黨學同名爲序若鄉則立庠故禮記鄉飲酒義云主人迎賓于庠門之外彼鄉大夫行賓賢能非州長黨正所行故知庠則鄉學也云會民而射所以正其志也者凡禮射皆須存其志意故鄭即引射義曰射之爲言繹也繹者各繹己之志繹陳也言各陳己志者謂若射義云射者内志正外體直乃能中之是也

凡州之大祭祀大喪皆涖其事釋曰云凡者以其大祭大喪非一故云凡也云州之大祭祀大喪者則非國家祭祀喪事謂州之大祭唯有春秋祭社也州之大喪者三公鄉大大夫之喪也云皆涖其事者二者州長皆臨其事也注祭

祀謂州社稷也大喪鄉老鄉大夫於是卒者也涖臨也釋
曰言大祭祀謂州社稷者以上文云歲時祭祀州社此經
又因言州之大祭祀故知還是上文州社也知有稷者以
其天子諸侯三社皆稷對之故知兼有稷也言州社者若
言大社國社之類又對黨祭禜族祭酺故此特言州社也
云大喪鄉老鄉大夫者以其遠郊之內置六鄉鄉老與鄉
大夫死不出六鄉要在一鄉一州一黨一族
一閭之內今據州而言故云於是卒者也　**若國作民**
而師田行役之事則帥而致之掌其戒令
與其賞罰　釋曰言若者不定之辭若如也如有國家
役謂役作此數事者皆須徵聚其民州長則各帥其民而
致之于司徒也云掌其戒令與其賞罰者州長既致其民
還自領己民爲師帥故還使州長掌之也　**注**致之致之於司徒也掌其戒令賞罰則是於軍因爲師帥　釋曰云

致之於司徒也者謂州長致與小司徒小司徒乃帥與大司徒故小司徒職云大軍旅帥其衆庶是也云因帥帥者若衆屬軍吏別有軍吏掌之何得還自掌之故知因爲師帥也但在鄉爲州長已管其民在軍還領已民爲師帥即是因內政寄軍令也

歲終則會其州之政令正歲則讀教灋如初

注雖以正月讀之至正歲猶復讀之因此四時之正重申之

釋曰既不言正歲之終周禮之內直言歲終者皆是周之歲終也言則會其州之政令者謂會計當州黨正已下政令文書將以者課也云正歲則讀教法如初者以其建寅之月得四時之正於教令審故又讀教法言如初者亦當屬民讀之也

三年大比則大攷州里以贊鄉大夫廢興

注廢興所廢退所興進也鄭司農云贊助也

釋曰州長至三年大案比之日則大者州里者謂年年考訖至三年

則大考之言大者時
有黜陟廢興故也
黨正各掌其黨之政令教治 釋曰言各者一鄉有二十五掌
故各掌其黨之政令及十二故
與治職 注 鄭司農云五百家爲黨論語曰孔子於鄉黨又曰闕黨童子
文書 釋曰先鄭知五百家爲黨者以其五家爲比五比爲閭四閭
爲族五族爲黨故知也
引論語者證有黨義也
及四時之孟月吉日則屬民
而讀邦灋以糾戒之 釋曰及至也黨正四時孟月
吉日則屬民而讀邦法者因
糾戒之如州 注 以四孟之月朔日讀法者彌親民者於教
長之爲也 亦彌數 釋曰云以四孟之月朔日讀法
者彌親民者於教亦彌數者上文州長唯有建子建寅及
春秋祭社四度讀法此黨正四孟及下文春秋祭禜并正
歲一年七度讀法者以其鄉大夫管五州去民遠不讀法
州長管五黨去民漸親故四讀法黨正去民彌親故七讀

法鄭云彌親民者則非直徒解黨正而已案下族師十四
度讀法彌多於此故鄭惣釋云彌親民者於教亦彌數也
春秋祭禜亦如之釋曰黨正不得與州同祭社故亦春秋祭禜神也注禜謂
雩禜水旱之神蓋亦為壇位如祭社稷云　釋曰鄭知禜
謂雩禜水旱之神者案禮記祭法云雩禜祭水旱案昭公
元年左氏傳子產云水旱癘疫之不時於是乎禜之皆是
禜祭水旱神也云蓋亦為壇位如祭社稷云者以其大司
徒及封人等皆云社稷有壇又祭法王宮祭日及雩禜祭
水旱等皆是壇名故知亦如社稷有壇位無正文故言云
以疑之也國索鬼神而祭祀則以禮屬民而飲
酒于序以正齒位壹命齒于鄉里再命
齒于父族三命而不齒釋曰黨正行正齒位之禮在十二月建亥之月為之

非蜡祭之禮而此云國索鬼神而祭祀者以其正齒位禮
在蜡月故言之以爲節耳當國索鬼神而祭祀之時則黨
正屬聚其民而飲酒于序學中以行正齒位之法當正齒
位之時民內有爲壹命已上必來觀禮故須言其坐之處
云壹命齒于鄉里者此黨正是天子之國黨正則壹命亦
天子之臣若有壹命之人來者即于堂下鄉里之中爲齒
也云再命齒于父族者謂父族爲賓即與之爲齒年大在
賓東年小在賓西三命而不齒者若有三命之人來者繼
令父族爲賓亦不與之齒若非父族是異姓爲賓灼然不
齒位在賓東故云不齒也若然典命雖不見天子之士命
數序官有上士中士下士則上士三命中士二命下士
壹命則此壹命謂下士再命謂中士三命謂上士也　注
國索鬼神而祭祀謂歲十二月大蜡之時建亥之月也正
齒位者鄉飲酒義所謂六十者坐五十者立侍六十者三
豆七十者四豆八十者五豆九十者六豆是也必正之者
爲民三時務農將闕於禮至此農隙而教之尊長

養老見孝弟之道也黨正飲酒禮亡以此事屬於鄉飲酒
之義微失少矣凡射飲酒比鄉民雖爲鄉大夫必來觀禮
鄉飲酒鄉射記大夫樂作不入士旣旅不入是也齒于鄉
里者以年與衆賓相次也齒于父族者父族有爲賓者以
年與之相次異姓雖有老者居於其上不齒者席于尊東
所謂遵　釋曰云國索鬼神而祭祀謂歲十二月大蜡之
時是禮記郊特牲文建亥之月者是鄭君解義語言此者
謂行正齒位之禮亦在此月也云正齒位者鄉飲酒義所
謂六十者坐至六豆者並是彼文案彼文謂五十者立侍
六十者乃於堂上而坐禮年六十已上籩豆有加故不得
籩豆耦而云六十者三豆七十者四豆八十者五豆九十
者六豆若然則堂下五十立者二豆而已引之者證此經
與彼同是正齒位之法也云必正之者爲民三時務農將
闕於禮至此農隙而教之尊長養老見孝弟之道也者春
夏秋三時務在田野闕於齒序之節隙閑也至此十月農
事且閑而教之言尊長養老即五十已上至九十正齒位

是也但孝弟施于家內今行尊長養老則是孝弟之道通達于外者也云黨正飲酒禮亡者儀禮篇卷並在之日別有黨正飲酒之禮見今十七篇內無黨正飲酒之禮故云亡也云以此事屬于鄉飲酒之義微失少矣者但儀禮未亡之時篇內論正齒位之禮其義具悉今將此經之事連屬於鄉飲酒義則鄉飲酒義唯有五十已上豆數之言此經唯有壹命已下觀禮之事二處相兼比於儀禮篇中鄉飲酒法義理乃未足微失於少故云微失少矣云凡射飲酒者謂州長春秋行社黨正十二月行飲酒二事俱同故兼言射也云此鄉民雖爲鄉大夫必來觀禮者證此經壹命以至三命齒與不齒之人來在位之法也又引鄉飲酒鄉射記者證二事俱有壹命已下觀禮來入時節案彼經鄉大夫皆作樂前入士未旅前入故云大夫樂作不入鄭彼注云後樂賢也云士旣旅不入注云後正禮也若然大夫士來觀禮者皆爲樂賢行禮而至故大夫樂作不入士旣旅不入也云齒于鄉里者以年與衆賓相次也者謂在

堂下與五十已下衆賢賓客相次以其壹命若據天子之國壹命爲下士若據諸侯之國壹命爲公侯伯之士若據子男之士不命固在堂下以其士立于下故也云齒于父族者父族有爲賓者以年與之相次者以其賓在戶牖之閒南面若賓是同姓父族則與之齒也云異姓雖有老者居於其上者既言齒于父族明異姓非父族不齒可知云不齒者席于尊東所謂遵者案鄉飲酒鄉射皆酒尊在室戶東房戶西賓主夾之鄉人爲卿大夫來觀禮爲鄉人所遵法謂之爲遵席位在酒尊東公三重大夫再重故知不齒者席于尊東也云所謂遵者所謂鄉射鄉飲酒之遵也案鄭注鄉飲酒云此篇無正齒位之事焉者彼是三年一貢士直行飲酒之禮賢者爲賓其次爲介其次又爲衆賓賓而貢之如此無黨正正齒位之事案彼注又云天子之國三命者不齒於諸侯之國爵爲大夫則不齒矣者以其賓賢能年幾必小於卿大夫等是以天子之國三命士及公侯伯之卿三命大夫二命子男之卿再命大夫壹命但

是大夫已上無問命數皆不齒以其大夫已上爵尊故也但諸侯之鄉當天子之上士故天子之國三命乃不齒天子士再命已下及諸侯之士則皆齒以其士卑立于下故在堂下與鄉人立者齒也彼是賓賢能禮若黨正飲酒之禮則此文是天子黨正飲酒法則壹命齒于鄉里在堂下與鄉人齒再命齒于父族父族為賓在堂上則天子再命之士亦在堂上與彼賓賢能鄉飲酒義異者案鄉射記云大夫與則公士為賓則此黨正飲酒有壹命已上觀禮則亦以公士為賓但公家之士其年少大故天子之士再命者亦與之齒若然賓賢能天子之士再命不齒者彼賓賢能非正齒位法別為一禮故與黨正正齒位禮異也

凡其黨之祭祀喪紀昏冠飲酒教其禮事掌其戒禁

釋曰此一經逆是民之所行上州之祭祀大喪義異此祭祀已下雖是民之所行民者冥也非教不可故黨正皆教其禮事也因掌

其戒命督禁之注其黨之民釋曰經云凡其黨之祭祀之等言凡是黨及之言故云其黨之民也凡

作民而師田行役則以其灋治其政事注亦於軍因爲旅帥　釋曰此亦如上釋非衆庶屬軍吏者黨正在鄉各管五百家出軍之時家出一人則五百人爲旅黨正還爲旅帥亦如州長因爲師帥也歲終則會其黨政帥其吏而致事釋曰黨正以一黨之內有族師以下諸官等故歲終則會計一黨政治功狀則帥其族師以下之吏致其所掌之事於州長州長又致與鄉大夫鄉大夫致與大司徒而行賞罰也正歲屬民讀灋而書其德行道藝注書記之　釋曰黨正於正歲建寅朔日聚衆庶讀法因即書其德行道藝鄭解書書記之者以其三年乃一貢今每年正歲皆書記勸勉之三年即貢之也

以歲時涖校比 釋曰案族師職以歲之四時校比此黨正管五族至校比之時黨正往臨之恐其有差失故也 注涖臨也鄭司農云校比族師職所謂以時屬民而校登其族之夫家衆寡辨其貴賤老幼癈疾可任者及其六畜車輦如今小案比 釋曰鄭司農所云者並族師職文以其黨正所臨臨族師故還引族師校比之法以證成其義也云如今小案比者此舉漢法言小案比對三年大比爲小耳 及大比亦如之 釋曰及至也族師至三年大案比黨正亦涖之

周禮疏卷第十二

周禮疏卷第十三

唐朝散大夫行大學博士弘文館學士臣賈公彦等撰

族師各掌其族之戒令政事 釋曰云各掌其族之戒令政事者以其族師主百家各自受法于上而掌其族戒令政事也 注 政事邦政之事鄭司農云百家爲族 釋曰云政事邦政之事者謂國之征役皆是也先鄭云百家爲族者亦約五家爲比五比爲閭四閭爲族故知族百家也

月吉則屬民而讀邦灋書其孝弟睦婣有學者 釋曰此族師亦聚衆庶而讀法因書其孝弟睦婣有學者黨正直書德行道藝具言此云孝弟睦婣惟據六行之四事有學即六藝也計族師所書亦應不異黨正但文有詳略故所言有異但族師親民故析别而言耳

注月吉每月朔日也故書上句或無事字杜子春云當爲正月吉書亦或爲戒令政事月吉則屬民而讀邦法

釋曰云月吉每月朔日也者以其彌親民敎亦彌數故十二月朔皆讀之云故書上句或無事字者則月與上政字連政又爲正字故杜子春云當爲正月吉但族師親民讀法宜數若爲正月之吉則與黨正同於義不可云書亦或爲戒令政事月吉則屬民而讀邦法者此義還與經同於義爲得後鄭從之故引之在下也

春秋祭酺亦如之

釋曰族師於春秋祭祀酺神之時亦如上月朔讀法也

注酺者爲人物裁害之神也故書酺或爲步杜子春云當爲酺玄謂校人職又有冬祭馬步則未知此世所云蝝螟之酺與人鬼之步與蓋亦爲壇位如雩禜云族長無飲酒之禮因祭酺而與其民以長幼相獻酬焉

釋曰鄭知酺者爲人物災害之神者凡國之祈祭者皆恐與人物爲裁害謂若州長黨正所祭社禜亦爲水旱與人物爲裁害明此亦是恐與人物爲裁害之神也云故書酺或爲步杜子春云當爲酺者校人職云馬步

亦為行步之字而子春破之從酺者子春亦無正文至以此
經令文為正故依之也玄謂校人職又有冬祭馬步者
彼是與馬為害故祭之引之者證此酺亦與人物為害云
則未知此世所云蝝螟之酺與人鬼之步與者但此經云酺
不知何神故舉漢法以況之但漢時有蝝螟之酺神又有
人鬼之步神未審此經酺定當何酺故兩言之以無正文
故皆云與以疑之也云蓋亦為壇位如雩禜云者上黨
祭雩禜鄭云蓋亦為壇位如祭社稷云巳疑禜為壇位今
此文約與雩禜同故言云以疑之云族長無飲酒之礼者
案上州長春秋習射有飲酒礼黨正十月農功畢亦有飲
酒礼皆得官物為之今此族卑不得官物為礼故云族無
飲酒礼也云因祭酺而與其民以長幼相獻酬焉者鄭必
知因祭酺有民飲酒之礼者案礼記礼器云周旅酬六尸
曾子曰周礼其猶醵與鄭注彼云合錢飲酒為醵旅酬相
酌似之也即引明堂礼乃命國醵鄭據礼器明堂礼
皆有醵法醵即合錢飲酒以不得官酒故須合錢耳 鄭

比之灋帥四閭之吏以時屬民而校登其族之夫家衆寡辨其貴賤老幼廢疾可任者及其六畜車輦注登成也定也　釋曰云以邦比之法者案比之法國家有常故據其常法以案比之故云以邦比之法也云帥四閭之吏者族師管四閭閭胥皆中士又有二十比比長皆下士是帥四閭之吏也云以時屬民而校者謂屬聚其民而校比之也云登其族之夫家衆寡者夫家即男女也有夫有婦乃成家自二人以至十人為九等七六五者為其中若然則六口為中七口已上為衆五口已下為寡云辨其貴賤老幼者貴謂卿大夫賤謂占賣國之斥幣販易之人也廢疾謂廢於人事疾病若今癃不可事者也云可任者者謂若國中七尺以及六十野自六尺以及六十五皆征之則可任者也及其六畜馬牛羊豕犬鷄車輦牛馬輦人挽

行皆辨之也

五家爲比十家爲聯五人爲伍十人爲聯四閭爲族八閭爲聯使之相保相受刑罰慶賞相及相共以受邦職以役國事以相葬埋

釋曰云五家為比十家為聯又云五人為伍十人為聯者在家惟有五家為比比長領之無十家爲聯相管之法今云十家為聯者以在軍之時有十人為什本出於在家故并二比為十家為聯擬入軍時相并故覆云五人為伍十人為聯明是在軍法耳云四閭為族八閭為聯者張逸問族百家安得有八閭鄭荅并之為聯耳若然亦如二比為聯之類也云使之相保者謂相保不為愆負云相受者謂宅舍有故相受寄託云刑罰慶賞相及者案趙商問族師之義鄰比相坐康誥之說門內尚否書礼是錯未達旨趣鄭荅族師之職周公新制礼使民相

共勑之法康誥之時周法未定又新誅三監務在尚寬以安天下先後異時各有云為乃謂是錯**注**相共猶相敉相賙　釋曰案大司徒職云五族為黨使之相救五黨為州使之相賙此所戒勑亦與彼同故引為證也

若作民而師田行役則合其卒伍簡其兵器以鼓鐸旗物帥而至掌其治令戒禁刑罰

注亦於軍因為卒長　釋曰若作民而師田行役則合其卒伍者族師主百家家出一人即為一卒卒長還使族師為之故鄭言亦因為卒長也云簡其兵器者在軍即有弓矢殳矛戈戟云以鼓鐸旗物者案大司馬春辨鼓鐸王執路鼓諸侯執賁鼓軍將執晉鼓師帥執提旅帥執鼙卒長執鐃兩司馬執鐸　公司馬執鐲又司常云王建大常巳下是鼓鐸旗物也帥而至者族師以帥士卒具備帥至於鄉師以致司徒也注亦於軍因為卒長者亦釋經掌

其治令已下亦升衆屬軍吏還是自爲卒伍者也 歲終則會政致事

閭胥各掌其閭之徵令 注鄭司農云二十五家爲閭 釋曰先鄭知二十五家爲閭者以其五家爲比五比爲閭故知閭二十五家也而云各掌其閭之徵令者徵令即下文歲時以下之事是也 以歲時各數其閭之衆寡辨其施舍凡春秋之祭祀役政喪紀之數聚衆庶既比則讀灋書其敬敏任恤者 釋曰言以歲時者謂歲之四時云各數其閭之衆寡者閭胥各自數當閭之內戶口多少云辨其施舍者亦謂國中七尺以及六十野自六尺以及六十有五皆征之已外施舍不役云凡春秋之祭祀役政喪紀之數聚衆庶者謂州長黨正族師祭祀及役政與王家喪紀閭胥皆爲

之聚衆庶以待驅使也云既比則讀法者上族師已上官
尊讀法雖稀稠不同皆有時節但閭胥官卑而於民爲近
讀法無有時節但是聚衆庶比之時即讀法故云既比則
讀法云書其敬敏任恤者者以上書其德行道藝今此閭
胥親民更近故除任恤六行之外兼記敬敏者也 注 祭祀謂州社黨禜族酺也役田役也政若州射黨飲酒也
喪紀大喪之事也四者及比皆會聚衆民因以讀法以勑
戒之故書既爲暨杜子春讀政爲征暨爲既 釋曰知祭
祀謂州社黨禜族酺者以其黨鄉之內所有祭祀無過此
三者而已故知義然也云役田役也者上文師田行役並
言則役是役作但田是國之常事田重於功作此文不云
田故知役是田役也知政是州射黨飲酒者政與上祭祀
連文聚衆庶故知若州射及黨飲酒也云喪紀大喪之事
也者此大喪王之喪也知者以其聚衆庶明非上州之大
喪故以王之喪解之 凡事掌其比觵撻罰之事 釋曰言凡非一

則是鄉飲酒及鄉射飲酒有失禮者須罰之故云凡事云
掌其比者人聚則有校比之法皆掌之云觵撻罰之事者
凡有失禮者輕者以觵酒罰之重觵撻者失禮之罰也
者以楚撻之故雙言觵撻罰之事〔注〕觵用酒其爵以兕角
爲之撻扑也故書或言觵撻之罰事杜子春云當言觵撻
罰之事 釋曰鄭知觵用酒者以其古者失禮之罰罰用
酒又知其爵以兕角爲之者見詩云兕觵其觩故知用兕
牛角爲觵爵也云撻扑也尚書云扑作教刑孔云扑榎楚
故知此撻亦扑也云故書或言觵撻之罰事杜子春云當
言觵撻罰之事者子春之意以觵罰在之上於義爲切故
從經爲正也

比長各掌其比之治五家相受相和親有辠奇衺則相及〔注〕衺猶惡也 釋曰比長管五家下士爲之家數雖少亦有治法故

各掌其比之治云五家相受者宅舍有故崩壞相寄託云
相和親者案尚書云爾室不睦爾惟和哉五家之內有不
和親則使之自相和親云有辠奇衺則相及者五
家有罪惡則連及欲使不犯故注云衺猶惡也　徙于
國中及郊則從而授之　釋曰五家之內人有不便
其居須徙者則使伍長從
而授之注徙謂不便其居也或國中之民出徙郊或郊民入
從國中皆從而付所處之吏明無罪惡　釋曰云
徙謂不便其居也者古者三歲大比之年民有願欲於本
居之處不便則任民遷徙故云不便其居也周法遠郊百
里內幷國中共爲六鄉此國中及郊所徙者並不離當鄉
之內言或國中之民出徙郊者先從近向遠釋經從于郊
之文也云或郊民入從國中者卻釋經從于國中之文也
云皆從而付所處之吏明無罪惡者釋經則從而授之之
文也若有罪惡則下文無授無節圜土內之其人私逃有
何付授之也今伍長自往付授明無罪惡直是不便其居

耳**若徙于他則爲之旌節而行之**釋曰上經是當鄉之內遷徙直須伍長送付彼吏今此經言徙于他是出向外鄉則當爲旌節乃行之 **注** 徙於他謂出居異鄉也授之者有節乃達 釋曰言徙于他對上經直言國中及郊爲鄉內此言徙于他明是出居異鄉也云授之者有節乃達者鄭欲見上經鄉內徙者有授無節此徙外鄉非直有有授兼亦有節乃可行故鄭言此有節亦授之者也此節即道路用旌節一也**若無授無節則唯圜土內之** 釋曰摠結上二經故鄭云鄉中無授出鄉無節此皆罪人故當唯圜土內之也 **注** 鄉中無授出鄉無節過所則呵問繫之圜土考辟之也圜土者獄城也獄必圜者規主仁以仁心求其情古之治獄閔於出之 釋曰上釋出鄉有授兼節此注釋鄉中無授出鄉無似出鄉空有節而全無授者以其出鄉雖兼有授直舉有節以對鄉內有授何妨有節兼有

授也若直有節而無授何以分别罪惡之人云過所則呵問繫之圜土考辟之也者謂所過之官司見即呵問之必知有呵問之者若不呵問窮詰則虛實難明故知呵問也繫之圜土考辟之者謂繫在獄中辟法也考量以法推問無授無節之由也云圜土者獄城也獄必圜者規主仁以仁心求其情者案禮記深衣有規矩權衡規配東方仁矩西方義但斷獄之法有義有仁雖以義斷使合宜仍以仁恩閔念求得情實閔念出之故獄城圜也

封人掌設王之社壝爲畿封而樹之 釋曰云掌設王之社壝者謂王之三社三稷之壇及壇外四邊之壝皆設置之直言壝不云壇舉外以見内内有壇可知也云爲畿封而樹之者謂王之國外四面五百里各置畿限畿上皆爲溝塹其土在外而爲封又樹木而爲阻固故云爲畿封而樹之 **注** 壝謂壇及埒也畿上有封若今時界矣不言稷者稷社之細也 釋曰壝謂壇及埒也者

壝埒即壝經不言壝故鄭兼見之也云畿上有封若今時
界矣者漢時界上有封樹故舉以言之云不言稷者稷社
之細也者案大司徒及下文皆社稷俱言此獨言社不言
稷故解之案孝經緯社是五土摠神稷是原隰之神原隰
即是五土之一耳故云稷社之細舉社則稷從之矣故言
社不言稷也稷既是原隰之神但原隰宜五穀五穀不可
遍敬稷又爲五穀之長故立稷以表名孝
經注直云社謂后土者舉配食者而言耳 **凡封國設其**
社稷之壝封其四疆 釋曰言凡封國者封五等之
國非一故云凡以廣之云設
其社稷之壝者案禹貢徐州貢五色土孔注云王者封五
色土爲社建諸侯則各割其方色土與之使立社燾以黄
土苴以白茅茅取其絜黄取王者覆四方是封乎諸侯立
社稷之法也云封其四疆者諸侯百里以上至五百里四
邊皆有封疆而樹之 **注**封國建諸侯立其國之封 釋曰
故云封其四疆也 封國建諸侯者若典命云三公八

命其卿六命大夫四命其出封皆加一等是建諸侯也云立其國之封者封則經云四疆是也**造都邑之封域者亦如之**釋曰云造都邑者謂大都小都家邑三等采地有百里五十里二十五里皆有四邊封域故云之封域也云亦如之者亦如上諸侯有四疆也**令社稷之職**釋曰春秋祭社皆有職事令之者使各依職司而行故須令之也注將祭之時令諸有職事於社稷者也郊特牲曰唯爲社事單出里唯爲社田國人畢作唯爲社丘乘共粢盛所以報本反始也釋曰言將祭之時者春秋祭社日皆用甲未祭之前令諸有職事于社稷者也云唯爲社事單出里者單盡也盡往助祭于州長此據六鄉之中又云唯爲社田國人畢作者畢亦盡也國人盡行鄭云非徒羨謂在六遂之中以下劑致甿當家之內一人爲正卒一人爲羨卒其餘爲餘夫但田與追胥竭作餘夫亦行故云非徒羨也云唯爲社丘乘共粢盛者此據三等采地之中故有丘

甸井田之法案小司徒職云九夫爲井四井爲邑四邑爲丘四丘爲甸甸方八里旁加一里則爲一成成百井九百夫一井之地九夫八家各治一夫自入共治一夫稅入於君以共粢盛而祭社故云丘乘共粢盛也云所以報本反始也者社稷爲土神是民之本句龍后稷是民之始反亦報也命民共之者所以報本反始也引之者證祭祀各有職事

凡祭祀飾其牛牲設其楅衡置其絼共其水稾

釋曰言凡祭祀謂王之天地宗廟先大次小之祭祀非一故云凡以廣之云飾其牛牲者祭祀尚絜淨故飾治使淨也設其楅衡者恐牴觸人故須設楅于角牽時須易制故設衡于鼻置絼當牽行故亦置之于鼻也須洗薦牲體故共其水稾也

注 飾謂刷治絜清之也鄭司農云楅衡所以楅持牛也絼著牛鼻繩所以牽牛者今時謂之雉與古者名同皆謂夕牲時也杜子春云楅衡所以持牛令不得抵觸人玄謂楅設於角衡設

於鼻如椵狀也水稾給殺時洗薦牲也𦃇字當以豸爲聲
釋曰司農云楅衡所以楅持牛也者司農意以衡爲持故
云所以楅持牛以楅衡共一物解之與子春同後鄭不從
之矣云𦃇著牛鼻繩所以牽牛者今時謂之雉與古者名
同者若然自漢以前皆謂之𦃇案禮記少儀云牛則執紖
紖則𦃇之別名今亦謂之爲紖也云皆謂夕牲時也者夕
牲在祭前之夕正祭在厥明二時皆有此事明據在前夕牲
時而言也杜子春云楅衡所以持牛令不得抵觸人者子
春意楅衡唯設于角與司農義同後鄭亦不從也玄謂楅
設于角者楅者相楅迫之義故知設於角云衡設於鼻者
衡者横也謂横木於鼻今之駞猶然故知設於鼻破先鄭
子春之義云如椵狀者漢時有置于犬之上謂之椵故舉
以之爲況衡者也云水稾給殺時洗薦牲也者其牛將殺
不須飼之又充人已飼三月不得將殺始以水稾飲飼水
所以洗牲稾所以薦牲故雙言洗薦牲也云𦃇字當以豸
爲聲者爾雅有足曰蟲無足曰豸但牛紖以麻爲之從糸

為形以豸為聲故云

繇字當以豸為聲

歌舞牲及毛炮之豚 釋曰言歌舞牲者謂君牽牲入時封人隨後歌舞云博碩肥腯也云及注毛炮之豚者謂造炮豚之時則爓去其毛以炮之也

注謂君牽牲入時隨歌舞之言其肥香以歆神也毛炮豚者爓去其毛而炮之以備八珍鄭司農云封人主歌舞其牲云博碩肥腯

釋曰案禮記祭義云君牽牲穆荅君卿大夫序從是君牽牲入時也云隨歌舞之言其肥香以歆神也者解封人隨牲後歌舞之時節及使神歆享之意云毛炮豚者爓去毛而炮之者經直云毛炮恐人以并毛炮之案禮記內則有炮豚炮牂皆編萑以苴之塗之以墐塗執乃擘去之彼雖炮亦不言去毛炮之鄭知去毛者牂豚之毛於牲無用空以汙損牲體故知凡炮者皆去毛也云以備八珍者彼內則八珍之中有炮豚此炮豚與彼同故知此炮豚以備足八珍也鄭司農云封人主歌舞其牲云博碩肥腯者此左氏桓公傳隨季良之辭彼云奉牲以告曰

博碩肥腯引之者證封人歌舞牲時有此辭也**凡喪紀賓客軍旅大盟**

則飾其牛牲釋曰言凡凡此下四事王之喪紀有牲者除朝夕奠用脯醢以外大小斂朔月月半薦新奠祖奠大遣等皆有牲牢賓客有殺牲之者唯據致飧及饔餼饗食皆有殺牲之事軍旅殺牲者謂饗獻軍吏大盟謂天子親往臨盟此一經皆用牛牲故揔云飾其牛牲也**注**大盟會同之盟釋曰案覲禮及司儀諸侯時見曰會殷見曰同王皆爲壇于國外行盟誓之法故鄭依而言焉

鼓人掌教六鼓四金之音聲以節聲樂以和軍旅以正田役釋曰言掌教者必教他官案眡瞭職發言云掌凡樂事播鼗擊頌磬笙磬下又云掌大師之縣鼜愷獻亦如之雖不云擊鼓上下文參之其五鼓是眡瞭擊之則此所教者當教眡瞭也

其晉鼓當教鎛師故其職云掌金奏之鼓此下文云以晉鼓鼓金奏故彼鄭注云主擊晉鼓是也又云六鼓四金之音聲者六鼓四金與音聲和合故連言音聲也云以節聲樂者下云雷鼓靈鼓路鼓晉鼓皆是也以和軍旅者下云以鼖鼓鼓軍事是也云以正田役者下云以鼛鼓鼓役事是也田獵所以習戰則田鼓當與軍事同案大司馬云王執路鼓諸侯執賁鼓軍將執晉鼓之等 注音聲五聲合和是也此一經是與下爲總目之語也 注者 釋曰案禮記學記云鼓無當於五聲五聲不得不和則五聲須鼓乃和故鄭云五聲合和者鄭不解音者單出曰聲雜比曰音音聲相將之物故釋五聲則合得音故不重云音也

教爲鼓而辨其聲用

注教爲鼓教擊鼓者大小之數又別其聲所用之事 釋曰鄭云教爲鼓教擊鼓者大小之數者則雷鼓八面之等云而辨其聲用鄭云又別其聲所用之事則下文雷鼓及四金聲之所用各不同是也

以雷鼓鼓

神祀　釋曰天神稱祀地祇稱祭宗廟稱享案下靈鼓鼓
社祭又案大司樂以靈鼓鼓祭澤中之方丘大地祇
與社同鼓則但是地祇無問大小皆用靈鼓　注雷鼓八面鼓
則此雷鼓鼓神祀但是天神皆用雷鼓也　也神祀祀
天神也　釋曰鄭知雷鼓八面者雖無正文案韗人爲皐
陶有晉鼓鼖鼓皐鼓三者非祭祀之鼓皆兩面則路鼓祭
宗廟宜四面靈鼓祭地祇尊於宗廟宜六面雷鼓
鼓祀天神又尊於地祇宜八面故知義然也

以靈鼓鼓社祭　注靈鼓六面鼓也社祭祭地祇也　釋曰郊特
牲云社祭土神地之道則孝經緯云社是五土
之揔神是地之次祀故舉社以表地祇大宗伯亦云血祭
祭社稷五祀亦舉社以表地祇其實地之大小之祭皆用
靈鼓

以路鼓鼓鬼享　注路鼓四面鼓也鬼享享宗廟
也　釋曰案大宗伯宗廟有六
享則禘祫及四時皆言享先王則皆是大祭緫有享先公
爲之祀祭殤爲小祀皆用此路鼓以其天地神祇大小同鼓

鼓也**以鼖鼓鼓軍事**釋曰案大司馬云春執鼓鐸王執路鼓諸侯執鼖鼓軍將執晉鼓鄭
注云王不執鼖鼓尚之於諸侯則在軍以鼖爲正無妨兼有路鼓晉鼓之等也**注**大鼓謂之鼖鼖鼓長八尺釋
曰云大鼓謂之鼖是訓鼖爲大此唯兩面而已而稱大者此不對路鼓巳上以其長八尺直對晉鼓六尺六寸者爲
大耳鼖鼓長八尺韗人文**以鼛鼓鼓役事**釋曰案緜詩云鼛鼓弗勝鄭云鼛鼓不能止之
此云鼓役事謂擊鼓起役事與彼不同者但起役止役皆用鼛鼓兩處義得相兼耳**注**鼛鼓長丈二尺釋曰丈
二尺韗人文此既丈二尺大於鼖鼓不得大名者但鼖鼓長八尺尚對晉鼓爲鼖明鼛鼓亦大可知不可同名爲鼖
故別以鼛鼓爲號也**以晉鼓鼓金奏**釋曰凡作樂皆先擊鍾故鍾師以鍾鼓奏九夏鄭云
先擊鍾次擊鼓金則鍾也奏則擊也則是擊鍾後即擊鼓故云晉鼓鼓金奏**注**晉鼓長六尺六寸金奏謂樂作

擊編鐘釋曰晉鼓長六尺六寸亦鞞人文云金奏謂樂
作擊編鐘者案磬師云擊編鐘鄭注云磬亦編於鍾言之
者鍾有不編不編者鍾師擊之若然則磬師擊編鍾鍾師
擊不編鍾又案鎛師云掌金奏之鼓鄭注云主擊晉鼓則
此晉鼓和金奏但鍾之編與不編作之皆是金奏晉鼓皆
和之矣鄭唯言編鍾據磬師而言其實不編者亦以晉鼓
和之故鍾師云以鍾鼓奏九夏鄭云先擊鍾次擊鼓是不編之鍾亦有鼓鼓即晉鼓也

以金鎛和鼓 釋曰謂作樂之時以此金鎛和於鼓節也 **注** 鎛鎛于也圜如碓頭大上小下樂作鳴之與鼓相和 釋曰鎛
鎛于也者鎛于之名出于漢之大予樂官并云其形圜如
碓頭大上小下並出彼文而知之也又云樂作鳴之與鼓
相和此鄭以意解之案下三金皆大司馬在軍所用有文
此金鎛不見在軍所用明作樂之時與鼓相和故云和鼓
也

以金鐲節鼓 釋曰此謂在軍之時所用節鼓與鼓爲節也 **注** 鐲鉦也形如小鍾軍

行鳴之以爲鼓節司馬職曰軍行鳴鐲 釋曰鄭云鐲鉦
也者案詩有鉦人伐鼓鼓就而解之彼注鉦以靜之此解以
爲軍行所用不同者義亦一也以其動靜便用故也云㣲如
小鍾者亦據漢法而言也云軍行鳴之以爲鼓節此依大
司馬文而釋故引彼文云軍行鳴鐲對上金鐲作樂爲節案彼是公司馬所執也 以金鐃止鼓
釋曰此案春秋左氏傳曹劌云一鼓作氣再而衰三而竭
哀公傳陳書曰吾聞鼓而已不聞金矣是進軍之時擊鼓
退軍之時鳴鐃 注 鐃如鈴無舌有秉執而鳴之以止擊鼓司馬職曰鳴鐃且卻 釋曰云鐃如鈴無舌者亦約漢
法而知也云有秉執而鳴之者案大司馬云卒長執鐃故知執而鳴之也又引司馬職鳴鐃且卻者欲見軍卻退時
鳴之是止鼓將所用也 以金鐸通鼓 釋曰此是金鈴金舌故曰金鐸在軍所振對金鈴木舌者
爲木鐸施令時所振言通鼓者兩司馬振鐸軍將已下即擊鼓故云通鼓也 注 鐸大鈴也振之以通鼓司馬職

曰司馬振鐸釋曰鐸大鈴亦約漢法知之引司馬
職者案彼兩司馬執鐸所引司馬振鐸即兩司馬也凡祭
祀百物之神鼓兵舞帗舞者釋曰上文神祀社祭鬼享文局
不及小神故此更廣見小神之事故云凡祭祀百物之神
也云鼓兵舞帗舞者天地之小神所舞不過此兵舞帗舞
二事案下舞師山川用兵舞社稷用帗舞今此小神等若
義近山川者舞兵舞義近社稷者舞帗無舞故六舞之中唯言此
二舞注兵謂干戚也帗列五采繒爲之有秉皆舞者所執
而已釋曰兵謂干戚也者案司兵云祭祀授舞者兵鄭
亦云授以朱干玉戚必知兵舞是干戚者見禮記樂記云
干戚之舞非備樂祭統又云朱干玉戚並是大武之舞是
知兵舞干戚也又知帗舞列五采繒爲之有秉者案樂師
注帗析五采繒今靈星舞子持之是舉今以曉古故知之
也凡軍旅夜鼓鼜釋曰在軍警戒急在於夜故軍
旅於夜鼓其鼜鼓以警衆也

注鼜夜戒守鼓也司馬法曰昏鼓四通爲大鼜夜半三通爲晨戒旦明五通爲發昫　釋曰　言鼜者聲同憂戚取其中憂懼之意故名戒守鼓爲鼜也引司馬法曰昏鼓四通爲大鼜者欲取從初夜即爲警戒之意故擊鼓四通使大憂戚也云夜半三通爲晨戒者欲言衆豫使嚴備晨早當行云旦明五通爲發昫者旦明五通晨昫之時當發故云發昫也

軍動則鼓其衆　注動且行　釋曰尋常在道欲行之時所擊之鼓則上注五通發昫是也今別言軍動則據將臨陳之時軍旅始動則擊鼓以作士衆之氣故曹劌云一鼓作氣鄭云動且行謂行前向陳時也

田役亦如之　釋曰田獵圍合之時必擊鼓象對敵故大司馬職云鼓遂圍禁是也

救日月則詔王鼓　釋曰謂日月食時鼓人詔告于王擊鼓聲大異以救之案大僕職云軍旅田役贊王鼓鄭注云佐擊其餘面又云救日月食亦如之大僕亦佐擊其餘面鄭既云佐擊其餘面則非

只兩面之鼓案上解祭日月與天神同用雷鼓則此救日
月亦宜用雷鼓八面故大僕與戎右俱云贊王鼓得佐擊
餘面也案莊二十五年左氏傳夏六月辛未朔日有食之
鼓用牲于社非常也唯正月之朔慝未作日有食之於是
乎用幣于社伐鼓于朝若然此救日食用鼓惟據夏四月
陰氣未作純陽用事日又太陽之精於正陽之月被食爲
災故有救日食之法他月似無救理尚書胤征季秋九月
日食救之者上代之禮不與周同諸侯用幣于社伐鼓于
朝退自攻責若天子法則伐鼓于社昭十七年昭子曰日食天子伐鼓于社是也

注 救日月食王必親擊鼓者聲大異春秋傳曰非日月之眚不鼓

釋曰救日月食王必親擊鼓者聲大異言聲大異者但日月食始見其微兆
未有災驗故云異也引春秋傳者亦莊二十五年傳辭彼
傳云秋大水鼓用牲于社于門亦非常也凡天災有幣無
牲非日月之眚不鼓譏其爲大水用鼓引之證其日月得
有用鼓法春秋不記救月食者但日食是陰侵陽臣侵君

之象故記之月食是陽侵陰君侵臣之象非逆事故略不記之也大喪則詔大僕

鼓注始崩及窆時也　釋曰案大僕職云大喪始崩戒鼓傳達于四方窆亦如之是鄭所據也

舞師掌教兵舞帥而舞山川之祭祀教帗舞帥而舞社稷之祭祀教羽舞帥而舞四方之祭祀教皇舞帥而舞旱暵之事釋曰云掌教兵舞謂教野人使知之國有祭山川則舞師還帥領往舞山川之祀已下皆然案春官樂師有六舞并有旄舞施于辟雍人舞施于宗廟此無此二者但旱者之子不得舞宗廟之酎祭祀之舞亦不得用旱者之子彼樂師教國子故有二者此教野人故無旄舞人舞注羽析白羽為之形如帗也四方之祭祀謂四望也旱暵之事謂雩也暵熱氣也鄭司農云皇舞蒙羽舞書或為翌或為義玄謂

皇析五采羽爲之亦如帗舞用
五色繒用物雖異皆有柄其制相類故云形如帗也云四
方之祭祀謂四望也知者若以四方連百物則四方不止
四方今單云四方四望五岳四瀆亦布在四方故知四方
即四望也云旱暵之事謂雩也者春秋所云雩者皆釋旱
又祭法云雩禜祭水旱故知旱暵謂雩祭也云暵熱氣也
者以其旱時多熱氣又此暵字以日爲形以漢爲聲省熱
暵熱氣也鄭司農云皇舞蒙羽舞者先鄭之意蓋見禮記
王制有虞氏皇而祭皇是冕爲首服故以此皇爲鳳皇羽
蒙于首故云蒙羽舞自古未見蒙羽于首故後鄭不從之
矣云書或爲翌或爲義者禮本不同故或爲翌或爲義皆
不從之矣玄謂皇析五采羽爲之亦如帗者鍾氏染鳥羽
象翟鳥鳳皇之羽皆五采此舞者所執亦以威儀爲飾言
皇是鳳皇之字明其羽亦五采其制亦如帗舞若然帗舞
羽舞皇舞形 凡野舞則皆敎之 注野舞謂野人欲
制皆同也 學舞者 釋曰案

序官舞徒四十人其數有限今云皆教之者數雖四十餘者有能學皆敎之以待其闕耳**凡小祭祀則不興舞**注小祭祀王玄冕所祭者興猶作也 釋曰案上文云凡祭祀百物之神鼓兵舞帗舞又案司服云羣小祀則玄冕注云羣小祀林澤墳衍四方百物之屬如是則小祭祀有兵舞帗舞而云不興舞者小祭祀雖同玄冕若外神林澤之等則有舞若宮中七祀之等則無舞此文是也

牧人掌牧六牲而阜蕃其物以共祭祀之牲牷釋曰云掌牧六牲而阜蕃其物者阜盛也蕃息也物謂毛物言使肥盛蕃息各有毛物謂五官各有牛人羊人犬人豕人之等擇取純毛物者以供牧人牧人又供與充人芻之三月以祭祀故云以共祭祀之牲牷也**注**六牲謂牛馬羊豕犬雞鄭司農云牷純也玄謂牷體完具 釋曰案爾雅所釋六畜有馬牛羊豕犬雞故鄭依

而釋之案膳夫供六牲鄭注云始養之曰畜將用之曰牲則此云牲亦據將用爲言也司農云牷純也後鄭不從者尚書云犧牷對犧不得爲純色其純下文毛之者是也故玄易之云牷體完具也

凡陽祀用騂牲毛之陰祀用黝牲毛之望祀各以其方之色牲毛之

釋曰言凡與下陽祀陰祀望祀等爲目故云凡以廣之也

注騂牲赤色毛之取純毛也陰祀祭地北郊及社稷也望祀五嶽四鎮四瀆也鄭司農云陽祀春夏也黝讀爲幽幽黑也玄謂陽祀祭天於南郊及宗廟

釋曰騂牲知是赤色者見明堂位周人騂剛檀弓云周人牲用騂周尚赤而云用騂故知騂是赤也云毛之取純毛也者對下文云尨是雜色則此經云毛之者皆是取純毛也云陰祀祭地北郊及社稷也并陽祀祭天於南郊及宗廟者但天神與宗廟爲陽地與社稷爲陰案大宗伯云蒼璧禮天黃琮禮地謂圜丘方澤下云牲幣

各放其器之色則昊天與崐崘牲用蒼用黃四時迎五方天帝又各依其方色牲則非此騂牲黝牲惟有郊天及宗廟社稷一等不見牲色在此陽祀陰祀之中可知案郊特牲云郊之祭也大報天而主日兆于南郊就陽位也牲用騂是南郊用騂也檀弓云殷尚白周尚赤是祭宗廟用赤也據此而言則祭天於南郊及宗廟用騂也郊特牲云社祭土而主陰氣也是社稱陰孝經緯鉤命决云祭地于北郊就陰位彼對郊天就陽位則是神州之神在北郊而稱陰以是知陰祀中有祭地于北郊及社稷也不從先鄭陽祀春夏者周祭宗廟四時同用騂夏至祭地方澤牲用黃春夏迎氣牲各隨方之色明不得同用騂故不從也又知望祀是四望者以其言望與四望義同故知是四望五嶽等也云黝讀爲幽幽黑也者以其幽是北方故從幽爲黑也後鄭先解陰祀後釋陽祀者陽祀待先鄭釋訖隨後破之故也

凡時祀之牲必用牷物 釋曰時言凡者山川已下非一故亦言凡以廣

之也必用牲物者對上方色是隨其方色下用尨尨是雜色則此牲物者非方非雜雖不得隨方之色要於一身之上其物色須純其體須完不得雜也假令東方或純黃純黑南方或純白純青皆得也

注時祀四時所常祀謂山川以下至四方百物

釋曰知時祀是山川以下至四方百物者案司服山川羣小祀林澤四方百物在四望下此上文云天地四望此時祀又在四望下又四方山川之等亦依四時而祀故知時祀是山川至百物鄭唯據地之時祀若天之時祀日月巳下亦在此時祀中也

凡外祭毀事用尨可也

釋曰外祭毀事其神非一故云凡以廣之也

注外祭謂表貉及王行所過山川用事者故書毀爲甈尨作龍杜子春云甈當爲毀龍當爲尨尨謂雜色不純毀謂副辜候禳毀除殃咎之屬

釋曰知外祭中有表貉者據上文外神之中巳云天地至四方百物依時而祭者巳盡此別言外祭則外祭中唯有表貉之等案大司馬田獵之時立表而貉

祭司几筵亦云貉用熊席又知外祭中有王行所過山川
用事者案校人云凡將事于四海山川則飾黃駒大祝云
大會同過大山川則用事焉亦是非常外祭之事若然此
云尨校人用黃駒者從地色黃亦據尨中有黃色者用之
不必純黃云毀謂副辜侯禳毀除殃咎之屬者此文承子
春之下不言玄謂當是子春所解也案宗伯云疈辜祭四
方百物而引九門磔禳又案小祝職云將事侯禳皆
是禱祈除殃咎非常之祭用尨之類故引以為證也凡祭
祀共其犧牲以授充人繫之釋曰牧人養牲臨祭前三月授與充人
繫養之故云凡祭祀共注犧牲毛羽完具也授充人者當殊
其犧牲以授充人繫之養之周景王時賓起見雄雞自
斷其尾曰雞憚其為犧釋曰云犧牲毛羽完具也者云
犧牲不云牷則惟束純毛者而鄭云完具者祭祀之牲若
直牷未必純犧若犧則兼牷可知故鄭以完具釋犧云授
充人者當殊養之者牧人之牲未用祭者總在一處不殊今

將以祭者則殊別繫養之云周景王時者此春秋左氏傳昭二十二年王子朝賓起有寵於景王王與賓孟說之欲立之又云賓孟適郊見雄雞自斷其尾問之侍者曰自憚其犧也遽歸告王且曰雞其憚爲人用乎人異於是注犧者以喻人之有純德賢宜爲君彼直云自憚其犧不云雞鄭以義增之耳引之者證犧是純色之意也

凡牲不繫者共奉之 注謂非時而祭祀者 釋曰云不繫者謂若上文凡外祭毀事用尨可也是非時而祭祀者也

牛人掌養國之公牛以待國之政令 釋曰云掌養國之公牛以待國之政令者政令則諸侯所須牛及牧人之事則供送之也 注公猶官也 釋曰注訓公爲官者恐有公君之嫌但王家之牛若公廨之牛故須訓公爲官是官牛也

凡祭祀共其享牛

求牛以授職人而芻之 釋曰云凡祭祀者祭以給一故亦言凡以廣之曰主

牛者謂正祭之牛云求牛者謂繹祭之牛 注鄭司農云享云以授職人而芻之者謂授充人繫養者也 注牛前祭一日之牛也求牛禱於鬼神祈求福之牛也玄謂享獻也獻神之牛謂所以祭者也求終也終事之牛謂所以繹者也宗廟有繹者孝子求神非一處職讀爲樴樴謂之杙可以繫牛樴人者謂牧人充人與芻牲之芻牛人擇於公牛之中而以授養之 釋曰先鄭云享牛前祭一日之牛也者若此以爲祭前一日夕牲時而言仍是正祭牛則不應以正祭而云前祭一日若不據祭祀以爲齊時所食齊則十日不應惟止一日而已其言無據故後鄭不從也云求牛禱於鬼神祈求福之牛也者案上文凡牲不繫者共奉之謂非時而祭則不繫之此經授職人繫之明非禱祈非時祭者故後鄭亦不從也玄謂享獻也獻神之牛謂所以祭者也者以其宗伯祭宗廟六者皆云享則享是正祭可知破

先鄭爲前祭一日之牛也云求終也終事之牛謂所以繹也者今日正祭于廟明日繹祭在門外之西室故鄭云孝子求神非一處以解求牛爲繹祭之牛也故郊特牲云祭于祊尚曰求諸遠者與是名繹祭爲求也云職讀爲樴者凡官皆有職直云職人無所指斥但職樴聲相近誤爲職故讀從樴充人置樴入地之時樴樴然作聲故以聲名其官也云樴謂之杙者爾雅釋宫文郭注云橜也云樴人者謂牧人充人與者與疑辭疑之者凡牲堪祭祀者則牛人選入牧人臨祭之前牧人乃授充人充人乃繫養之今若即以樴人爲充人則隔牧人故連牧人而言之明先至牧人乃至充人經據後而言之中耳云牛人擇於公牛之中而以授養之者鄭直言養之者則養者之中還兼有牧人充人也

凡賔客之事共其牢禮積膳之牛 釋曰言凡賔客者謂五等諸侯來朝兼有臣來聘皆共牢禮積膳之牛也 注 牢禮飱饔也積膳所以給賔客之用若司儀職曰主

國五積者也膳所以間禮賓客故掌客云芻膳大牢釋曰鄭知牢禮飧饔者此一經皆謂致與賓客者下云饗食是速賓之禮也案大行人掌客皆云上公飧五牢饔餼九牢五積侯伯飧四牢饔餼七牢四積子男飧三牢饔餼五牢三積積之多少各視飧牢其膳則五等諸侯皆大牢故云牢禮飧饔也云積所以給賓客之用者謂行道之用遺人所云者是也又引司儀職曰上國五積者據上公而言也云膳所以間禮賓客者謂賓客未去之間致禮也又引掌客云芻膳大牢彼注云芻中也中間未去即是間禮賓客也

饗食賓射共其膳羞之牛

釋曰饗食者亨大牢以飲賓獻依命數食者亦亨大牢以食食禮九舉七舉五舉亦依命數無酒獻酬耳皆在於廟以速賓射者謂大射及與賓客射于朝天子諸侯射先行燕禮皆有殽俎故有牛也云共其膳羞之牛者謂獻賓時宰夫所進俎是也

注 羞進也所進賓之膳燕禮小臣請執冪者與羞膳者至獻

賓而膳宰設折俎王之膳羞亦猶此　釋曰引燕禮小臣請執冪者與羞膳者至獻賓而膳宰設折俎者案燕禮立賓後公卿大夫升就席小臣阼階下北面請執冪者與羞膳者注云執冪者執瓦大之冪也方圜壺無冪羞膳者羞於公謂庶羞云云至主人獻賓賓西階上拜筵前受爵反位主人賓右拜送爵膳宰薦脯醢賓升筵膳宰設折俎此王與賓饗及賓射設俎時節及設人無文故云王之膳羞亦猶此也若然饗食有牛俎至於射禮天子諸侯皆先行燕禮其牲狗得有牛者但天子諸侯雖用燕禮直取一獻之禮未旅而行射節其用牲則左傳云公當饗雖然燕禮亦用牛與饗同若然云膳羞則庶羞也不言正俎之牛者據庶羞而言其實兼正俎矣

軍事共其犒牛　釋曰謂將帥在軍枯犒之賜牛謂之犒牛也　**注**　鄭司農云犒師之牛　釋曰案左氏傳僖公三十三年秦師襲鄭鄭商人弦高將市於周遇之以乘韋先牛十二犒師雖非己之軍師亦是犒師之牛故

引以爲證也

喪事共其奠牛 注謂殷奠遣奠也喪所薦饋曰奠 釋曰喪中自未葬已前無尸飲食直奠停置于神前故謂之爲奠朝夕之奠無尊卑皆脯醢醴而已無牲體殷大也唯有小斂大斂朔月月半薦新祖奠及遣奠時有牲體大遣奠非直牛亦有馬牲耳故鄭云謂殷奠遣奠也鄭云喪所薦饋曰奠以無尸故也

凡會同軍旅行役共其兵車之牛與其牽傍以載公任器 釋曰會同軍旅兼言行役謂王行巡守皆六軍從也云共其兵車之牛者但兵車駕四馬之外別有兩轅駕牛以載任器者亦謂之爲兵車故云兵車之牛也 注牽傍在轅外輓牛也人御之居其前曰牽居其旁曰傍任猶用也 釋曰云牽傍在轅外輓牛也者上云兵車之牛據在轅內者別言與其牽傍故云在轅外輓牛也若然轅外在前者曰牽在旁者曰傍故鄭覆云人御之居其前曰牽居其旁曰傍言人御之

者以其在棘外將御為難故特言人御之也 凡祭祀共
云任猶用也者謂在軍所須之器物皆是也

其牛牲之互與其盆簝以待事 注鄭司農云互謂福衡之
屬盆簝皆器名盆所以盛血簝受肉籠也玄謂互若今屠
家縣肉格 釋曰先鄭上文福衡共為一物後鄭已不從
今以互與福衡共一彌不可玄謂互若今屠家縣肉格其
義可知但祭祀殺訖即有薦爓薦孰何得更以肉縣于互
乎然當是始殺解體未薦之時且縣于互待解訖乃薦之
故得有互以懸肉也故詩云或剥或亨或肆或將注云肆
陳也謂陳於互者也

充人掌繫祭祀之牲牷祀五帝則繫于牢
芻之三月 釋曰云充人掌繫祭祀之牲牷者但祭祀之
牲皆體牷具故以牷言之也云祀五帝者上

云掌繫祭祀之牲牷則摠養天地宗廟之牲下別言祀五
帝則略舉五帝而已其實昊天及地祇與四望社稷之等外
神皆繫之也注牢閑也必有閑者防禽獸觸齧養牛羊曰芻三
月一時節氣成　釋曰云牢閑也者校人養馬
謂之閑此養牛羊謂之爲牢言閑見其閑衛言牢見其牢
固所從言之異其實一物也云必有閑者防禽獸觸齧者
案春秋有郊牛之口傷鼷鼠食其角自外恐更有禽獸觸
齧故鄭摠云焉云養牛羊曰芻者此經云繫于牢芻之惟
據牛羊若犬豕則曰豢又不繫之矣云三月一時節氣成
者釋必以三月之意案宣三年公羊云帝牲在于滌三月
何休云滌宫名養帝牲三牢之處也三牢者各主
一月取三月一時足以充天牲是其三月之義也　享先
王亦如之　釋曰上經天地外神已別于上故今以凡散
先王亦如之亦繫于牢芻之三月也
祭祀之牲繫于國門使養之　釋曰云散祭祀之
牲直言繫于國門

使養之不言三月則或一旬之內而已不必三月也案楚
昭王問于觀射父曰芻豢牲則不必三月其諸侯祭祀養
牲幾何對曰遠不過三月近不過浹日孔注云遠牛羊豕
近犬雞之屬則諸侯祭祀養牲亦得三月及旬則天子亦
有浹日之義若然此散 注散祭祀謂司中司命山川之屬
祭祀亦可浹日而已 國門謂城門司門之官鄭司農
云使養之使守門者養之 釋曰鄭知散祭祀謂司中司
命山川之屬者見上文陽祀陰祀望祀皆云毛之社稷四
望已入毛之科內下別云凡時祀用牲物其中無社稷四
望唯有天神司中司命以上地神山川以下此散祭祀則
上時祀之神也故知散祭祀是司中以下言之屬者其中
兼有林澤百物之等也云國門謂城門司門之官者司門
揔王城十二門皆別有下士及府史胥徒今養牲者是
十二門而云司門之官者揔官首而言之其實非司門自
養則先鄭云使守門者養之是也

展牲則告牷 注鄭司農云展具也具牲若今時選牲也

充人主以牲牷告展牲者也立謂展牲若令夕牲也特牲
饋食之礼曰宗人視牲告充舉獸尾告備近之　釋曰先
鄭以爲選牲時後鄭不從者若是選牲時應在牧人牧人
選訖始付充人令既在繫養之下乃言展牲則告牷明非
初選牲故不從玄謂展牲若令夕牲也者此舉漢法以況
之又引特牲礼者以其天子礼亡故舉以言焉案彼宗人
視牲告充亦謂祭前之夕夕牲時云舉獸尾者士用免道
言獸尾止謂兔也言近之者彼謂士礼引證天子法故云近
之

碩牲則賛　釋曰上經夕牲時此經據正祭時言碩牲
者謂君牽牲入廟卿大夫賛幣而從皆云
博碩肥腯此充人既是養牲　**注**　賛助也君牽牲入將致之
之官當助持牛紖而牽之　助持之也春秋傳曰故奉
牲以告曰博碩肥腯　釋曰鄭知有君牽牲者見祭義云
君牽牲穆荅君卿大夫序從天子亦當然又引春秋傳者
比春秋左氏傳楚武王侵隨隨少師請追楚師季梁止之
曰天方授楚楚之羸其誘我也臣聞小之能敵大也少道

大溪又云令民餒而君逞欲祝史矯舉以祭臣不知其可
也公曰吾牲牷肥腯粢盛豐備何則不信對曰夫民神之
主也是以聖王先成民而後致力於神故奉牲
以告曰博碩肥腯謂民力之普存也是其事也

周禮疏卷第十三

周禮疏卷第十四

唐朝散大夫行大學博士弘文館學士臣賈公彥等撰

地官司徒下

載師掌任土之灋以物地事授地職而待其政令

釋曰此經與下經爲目言任土之法者任謂任其力勢所能生育即下經云廛里任國中之地以下是也云以物地事者此文還於任其力勢而物色之知其種植所宜何種云授地職者既知地勢所宜而授有職事於地者云而待其政令者謂因其職事使出賦貢即下經園廛二十而一以下是

注任土者任其力勢所能生育且以制貢賦也物物色之以知其所宜之事而授農牧衡虞使職之

釋曰云任土者任其力勢所能生育者力勢生育即下文

物色是也云且以制貢賦也者地勢所能生育本以字民但百姓足君孰與不足故因民九職以制貢故云且以制貢賦也但地之所出唯貢而已口率出錢及軍法乃名賦鄭并言賦者以民有地貢即有錢賦及軍賦故鄭兼言賦也且禹貢地貢亦名賦故名厥賦惟上上之等也云物物色之以知其所宜之事者此言出於孝經緯故孝經緯援神契云五岳藏神四瀆含靈五土出利以給天下黃白宜種禾黑墳宜種麥蒼赤宜種菽洿泉宜種稻所宜處多故鄭云之屬也但草人所云物地者據觀形色布種所宜故所宜須有職事案大宰職九職皆主營地以出貢山虞澤虞川衡林衡亦主地以出稅故知授地職中有此農牧衡二處皆云物地也云而授農牧衡虞使職之者既物地知虞之等但九職中略舉農牧二者案小司徒職云分地域而辯其守施其職彼守職文具故彼鄭注守謂衡虞職謂九職此經無守惟有地職故鄭以地職中兼見衡虞之守也

以廛里任國中之地

以場圃任園地以宅田士田賈田任近郊之地以官田牛田賞田牧田任遠郊之地以公邑之田任甸地以家邑之田任稍地以小都之田任縣地以大都之田任畺地釋曰此一經論任土之法但天子畿內千里中置國城四面至畺各五百里百里爲一節封授不同今則從近向遠發國中爲始也但自遠郊百里之內置六鄉七萬五千家自外餘地有此廛里以至牧田九等所任也云以公邑之田任甸地者郊外曰甸甸在遠郊之外其中置六遂七萬五于家餘地既九等之人所受以爲公邑也但自此以至畿畺四㓜皆有公邑故據此而言也云以家邑之田任稍地者謂天子大夫各受采地二十五里在三百里之內也云以小都之田任縣地者謂天子之

鄉各受五十里采地在四百里縣地之內也云以大都之
田任畺地者謂三公及親王子母弟各受百里采地在五
百里畺地之中也名三百里地爲稍者以大夫地少稍稍
給之故云稍也四百里爲縣者以四百里采地之外地爲
公邑主之者尊卑如縣正故司馬法亦名四百里爲縣也
五百里爲畺者以外畔至五百里畿畺故以畺言之
注 故書廛或作壇郊或爲蒿稍或作削鄭司農云壇讀
爲廛廛市中空地未有肆城中空地未有宅者民宅
曰宅宅田者以備益多也士田者士大夫之子得而耕之
田也賈田者吏爲縣官賣財與之田官田者公家之所耕
田牛田者以養公家之牛賞田者賞賜之田牧田者牧六
畜之田司馬法曰王國百里爲郊二百里爲州三百里爲
野四百里爲縣五百里爲都杜子春云蒿讀爲郊五十里爲
近郊百里爲遠郊玄謂廛里者若今云邑居里矣廛民居
之區域也里居也圃樹果蓏之屬季秋於中爲場樊圃謂
之園宅田致仕者之家所受田也士相見禮曰宅者在邦

則曰市井之臣在野則曰草茅之臣士讀爲仕仕者亦受田所謂圭田也孟子曰自卿以下必有圭田圭田五十畝賈田在市賈人其家所受田也官田庶人在官者其家所受田也牛田牧田畜牧者之家所受田也公邑謂六遂餘地天子使大夫治之自此以外皆然二百里三百里其大夫如州長四百里五百里其大夫如縣正是以或謂二百里爲州四百里爲縣云遂人亦監焉家邑大夫之采地小都卿之采地大都公之采地王子弟所食邑也畺五百里王畿界也皆言任者地之形實不方平如圖受田邑者遠近不得盡如制其所生育職貢取正於是耳以廛里任國中如遂人職授民田夫一廛田百畮是廛里不謂民之邑居在都城者與凡王畿內方千里積百同九百萬夫之地也有山陵林麓川澤溝瀆城郭宮室涂巷三分去一餘六百萬夫又以田不易一易再易上中下相通定受田者三百萬家也遠郊之內地居四同三十六萬夫之地也三分去一其餘二十四萬夫六鄉之民七萬五千家通不易一

易再易一家受二夫則十五萬夫之地其餘九萬夫廛里
也場圃也宅田也士田也賈田也官田也牛田也賞田也
牧田也九者亦通受一夫焉則半農人也定受田十二萬
家也食貨志云農民戶一人已受田其家衆男爲餘夫亦
以口受田如比士工商家受田五口乃當農夫一人今餘
夫在遂地之中如此則士工商以事入在官而餘夫以力
出耕公邑甸稍縣都合居九十六同八百六十四萬夫之
地城郭宮室差少涂巷又狹於三分所去六而存一焉以十
八分之十三乘之則其餘六百二十四萬七之地通上中
下六家而受十三夫定受田二百八十八萬家也其在甸
七萬五千家爲六遂餘則公邑　釋曰云故書廛或作壇
已下先鄭及子春等不從故書者以其壇與萬削義無所
取故也鄭司農云廛市中空地未有肆城中空地未有宅
後鄭不從者以其廛者廛繫於中里又訓爲居不得爲空
地若空地何因有二十而稅乎且司農又不釋里之與廛
義異故後鄭以爲民居之區域與孟子五畝之宅及遂人

夫一廛一物解之也司農云民宅曰宅宅田以備益多也者司農意以宅本一夫受一廛恐後更有子弟國中不容故別受宅田於近郊以備於後子弟益多出往居之後鄭不從者依士相見禮致仕者有宅在國宅在野二者依彼稱宅與此宅田文同故不從先鄭依彼解之司農云上田者士大夫之子得而耕之田也後鄭不從者以此士字言之不得兼大夫又禮記士之子不免農大夫之子免農矣不得為大夫子得而耕之田故後鄭破此士為仕仕謂鄉大夫已下仕官得田依孟子圭田解之司農云賈田者吏為縣官賣財與之田後鄭不從者依周禮之內云賈人者皆仕在官府史之屬受祿於公家何得復受田乎故後鄭以為賈人其家所受田也司農云官田者公家之所耕田是公家所耕何得有稅乎故後鄭以為府史之等仕在官後鄭不從者下云近郊十一皆據此士官田之等若官田家人所受田也司農云牛田者以養公家之牛後鄭不從者若是養公家牛何得下文有稅故後鄭亦為牛人之家

所受田也司農云賞田者賞賜之田此即夏官司勳云賞
田一也故後鄭從之司農云牧田者牧六畜之田司農意
此即牧人掌牧六牲者也後鄭不從者若是牧人牧六牲
則是公家放牧之地何得下文有税乎故後鄭亦云牧人
家人所受田也司農引司馬法已下者證經遠郊百里四
百里爲縣五百里畺畺即都一也無取於州與野之義連
引之耳子春云五十里爲近郊後鄭義亦然故書序云周
公既沒命君陳分正東郊成周鄭注云天子之國五十里
爲近郊今河南洛陽相去則然是近郊五十里之驗也子
春又云遠郊百里此與司馬法同故後鄭從之也玄謂里
居也案爾雅釋言云里邑也今云里居者但里居城邑之
中故爾雅云里邑不謂訓里爲邑故鄭云里居也云園樹
果蓏之屬者此謂田首之界家有二畝半以爲井竈葱韭
者故得種樹果蓏之屬云季秋於中爲場者七月詩云九
月築場圃是也云樊圃謂之園者大宰九職有園圃毓草
木井園言之詩折柳樊圃故云樊圃謂之園也引士相見

者破先鄭以爲宅田爲民宅之義也云士讀爲仕者後鄭之意單士恐不兼卿大夫故破從仕官之仕云所謂圭田也者所謂王制夫圭田無征復是殷法故圭田無稅入天子法故言無征此是周法故有近郊十一而稅引孟子者證圭田卿大夫士皆有之義也云賈田已下至畜牧者之家所受田也者皆是不從司農之義云公邑謂六遂餘地者欲見六鄉之外有九等之田無公邑之意云天子使大夫治之者以其四等公邑非鄉遂又非采地不見有主治之以司馬法云二百里曰州四百里曰縣言之故知天子使大夫治之也云自此以外皆然者以大宰九賦有邦甸家稍邦都之賦非采地是公邑可知又三百里以外其地既廣三等采地所受無多故唯九十三國明自外皆是餘地爲公邑也若然是公邑之地有四處也云二百里三百里其大夫如州長四百里五百里其大夫如縣正者此約司馬法二百里曰州四百里曰縣而言則從二百里向外有四百里二百里爲一節故二百里三百里大夫治之尊

卑如州長中大夫也四百里五百里尊卑如縣正下大夫
也云是以或謂二百里爲州四百里爲縣云者此還據司
馬法而言無正文約與彼同故言或又言云以疑之也云
遂人亦監焉者案遂人云掌野鄭云郊外野大摠言之則
自百里外置六遂爲野自百里外至五百里畿皆曰野是
以彼下又云夫間有遂云云而言以達于畿但鄉遂及公
邑皆爲溝洫法是以遂人亦監焉云家邑大夫之采地小
都卿之采地大都公之采地者此經有家邑小都大都之
文小司徒有四丘爲甸四甸爲縣四縣爲都彼據稅入天
子而言此總據采地大小而言則家邑二十五里大都百
里通治溝洫及澮而言也云王子弟所食邑也者王子弟
者據春秋之義凡言弟者皆王之同母弟則母弟與王之
庶子與公同食百里地在畺稍疏者與卿同食五十里地
在縣又疏者與大夫同食二十五里地在稍故在下別言
王子弟所食邑云皆言任者地之形實不方平如圖者上
經土任土者任其力勢所能生育彼弁言土故云任言任

其生育此經皆單言任故以任其曲直高下形實解之言任義得兩含也云受田邑者遠近不得盡如制者地既不可方平如圖明受田受邑者不得盡如制制還是圖也云其所生育賦貢取正於是耳者此鄭還釋任義非直任其形實亦兼解任其生育貢賦取正也是以上注云任其生育且以制貢賦也云以廛里任國中而遂人職授民田夫一廛田百畮引之者覆破司農謂廛爲空地故云是廛里不謂民之邑居在都城者與言正是民之邑居在都城者聲解之也玄凡王畿內方千里者據大司徒大司馬皆云王畿千里而言也云積百同者王畿千里開方之方千里爲方百里者百百里爲一同故云積百同云九百萬夫之地也者一同百成成九百夫十成九千夫百成九萬夫百同故九百萬夫之地也云有山陵林麓川澤溝瀆城郭宮室涂巷三分去一餘六百萬夫者案大司徒注積石曰山大阜曰陵注瀆曰川水鍾曰澤爾雅釋山山足曰麓此瀆非四瀆其溝亦非田間廣深四尺之溝直是通水之溝瀆也

城謂方十二里郭謂郛郭宮室謂城郭之內官民宮室涂巷謂城內九經九緯及民間街巷之等三分去一謂九百萬夫之中三分去一故云餘六百萬夫也案洛邑千里之中山林之等多於平地而鄭以三分去一據大較而言也云又以田不易一易再易上中下相通者此相通三家受六夫之地也云定受田者三百萬家也者亦據六百萬夫相通而言也云遠郊之內地居四同三十六萬夫之地也者以其遠郊百里內置六鄉四面相距二百里二二而四故四同每同有九萬夫四九三十六故知三十六萬夫之地云三分云一其餘二十四萬夫者前文揔據畿內方千里三分去一此更據四同之內山陵之等三分去三故其餘二十四萬夫也云六鄉之民七萬五千家者鄉有萬二千五百家六鄉故七萬五千家云通不易一易再易一家受二夫則十五萬夫之地者此亦相通而言也云其餘九萬夫者據二十四萬夫除十五萬夫故餘九萬夫也云廛里已下至半農人也鄭意九者未畢各整萬家以大

抵九者各爲萬家解之據整數而言耳云亦通受一夫焉
者其中亦有不易一易再易相通而各受一夫焉云半農
人也者農人相通各受二夫之地此受一夫故云半農人
也云定受田十二萬家也者此鄭揔計六鄉七萬五千家
此九者二夫爲一夫九萬爲四萬五千四萬五千添七萬
五千爲十二萬夫據實受地爲定數故云定也云食貨志
云農民戶一人已受田其家衆男爲餘夫亦以口受田如
此引之者證六鄉七萬五千家家爲七夫爲計餘子弟多
三十壯有室其合受地亦與正夫同故遂人云夫一廛田
百晦餘夫亦如之是其餘衆男爲餘夫亦以口受田如正
夫之比類若然案孟子云圭田五十畝餘夫二十五畝彼
餘夫與正夫不同者彼餘夫是年二十九已下未有妻受
口田故二十五畝若三十有妻則受夫田百畝故鄭注内
則云三十受田給征役鄉大夫注亦云有夫有婦乃成家
何休亦云一夫一婦受井田百畝云士工商家受田五口
乃當農夫一人者此謂士與工商之家文夫成人受田各

受一夫則上云半農人者是也其家内無丈夫其餘家口不得如成人故五口乃當農夫一人矣云今餘夫在遂地之中者謂百里内置六鄉以九等受地皆以一夫爲計其地則盡至於餘夫無地可受則六鄉餘夫等並出耕在遂地之中百里之外其六遂之餘夫並亦在遂地之中受田矣故揔云今餘夫在遂地之中也云如此則士工商以事入在官而餘夫以力出耕公邑者案食貨志士農工商四民有業學以居位曰士闢土殖穀曰農作巧成器曰工通財鬻貨曰商聖王量能授事四民陳力受職故地無曠土又云農民戶一人已受田其家衆男爲餘夫亦以口受田如比又云士工商家受田五口乃當農夫一人此謂平土可以爲法又見齊語管子對桓公亦云皆者聖王處士以閑燕處工就官府處商就市井處農就田野皆云少而習焉其心安焉據此二文皆有四民但民農已於上鄉遂公邑受地故此唯説士工商三者也其身得禄免農其子不免農故禮記問士之子長曰能耕矣大夫已上之子則免

農矣故禮運云大夫有田以處其子孫然七既有禄沾及子弟故其家田亦五口乃當農夫一人也其工商比農民爲賤故其家人亦五口乃當農夫一人此工商則與上賈人別彼賈人仕在官若府史但異名耳此工商有事時復爲官所使故云以事入在官云餘夫以力出耕公邑者還是五口之內有丈夫非士工商之身即曰餘夫百里內既置六鄉及九等無地可居故知亦出耕公邑也云甸稍縣都合居九十六同八百六十四萬夫之地者經有任甸稍縣都遠郊之內已入六鄉與九等故此特據甸地已外至五百里但王畿千里摠計有百同已取四同爲百里內故餘有九十六同同有九萬夫百同則九百萬夫其中除四同三十六萬夫故餘爲九十六同八百六十四萬夫之地也云城郭宮室差少涂巷又狹者鄭欲解於三分所去而存一之意但百里之外雖有公邑采地城郭宮室比百里之內爲狹少耳云於三分所去六而存一焉以十八分之十三率之者但百里之內則三分所去六不存一今於此

三分所去之中六內而存取其一則十八分之十三率之
是也言十八分之十三率之者若不六而存一則十八分
之三六十八去一分有十二存今於所去六中存取其一
以益十二則所去者五所存者十三故云十八分之十三
率之也案張逸問注十八分之十三率之何謂鄭荅曰六
鄉之民上地不易家百畝一易家二百畝再易家三百畝
相通三夫六百畝六遂之民上地家百畝萊五十畝中地
家百畝萊百畝下地家百畝萊二百畝相通三夫而六百
五十畝以三分去一之法當餘十二遂地以有五十畝萊於
三分去一乃得十三若據此而言則於三分所去六而存
一唯據上地有萊五十畝而說而鄭云城郭宮室差少涂
巷又狹者但六而存一指據六夫受十三夫地而言今言
城郭少涂巷狹者鄭意遠郊外上地有萊五十畝故言於
城郭少涂巷狹中出此萊地焉云則其餘六百二十四萬
夫之地通上中下六家而受十三夫定受田二百八十八
萬家也者三分所去六而存一之法即於同上計之先取

九十同更别借取九十同添爲百八十同是十八分之十
三率之所得者百三十所去者五十向者借半今於百三
十中還半餘有六十五同存仍有六同未分於六同别借
取十二同添六爲十八同三分所去六而存一則得十三
同所去者五同向借十二同是三分借二分今還他二分
則十三同卄取十二同還他八同得四同一同者分爲九
萬夫還他六萬夫得三萬夫將此四同三萬夫添
前六十五同摠爲六十九同三萬夫矣一同九萬
夫取六十同六九五十四爲五百四十萬夫又有九
同有九萬夫九九八十一又爲八十一萬夫通前三萬夫
爲八十四萬夫又添五百四十萬夫摠爲六百二十四萬
夫之地故云十八分之十三率之則其餘六百二十四萬
夫也云上中下者上地家百畝萊五十畝中地家百畝
百畝下地家百畝萊二百畝云六家而受十三夫者以上
地有萊五十畝故三夫受六夫半六夫受十三夫矣云定
受田者二百八十八萬家也者以六家受十三夫則六十

萬家受百三十萬夫百二十萬家受二百六十萬夫之地又倍之二百四十萬家受五百二十萬夫之地餘有四十八萬家於上借十二萬家爲六十萬家是五分借一整數計之則六十萬家受百三十萬夫之地向五分借一今還五分除一六十除十二餘有四十八萬家在地亦五分除一百三十除二十六萬夫餘有一百四萬夫地在將此四十八萬家添前二百四十萬爲二百八十八萬家又將此一百四萬夫地添前五百二十萬夫揔爲六百二十四萬夫矣云其在甸七萬五千家爲六遂餘則公邑者鄭既揔計畿內遠郊之外説别更計二百里之中者以三百里已外封三等采地采地多少不定不可計其六遂與六鄉相對故特計之以其六遂家數與六鄉相似但六鄉之內餘地有九等所居六遂餘地既無九等故以餘地爲公邑也但邦畿千里唯民所止若東都地中言之東西雖有平地至於三面山林徧有今鄭所計雖三分去一豈有二分平土乎且六鄉之民猶可以數計之其九等之地豈各萬夫

爲定平但鄭欲以開悟後人聊以整數爲筭法耳 凡任地國宅無征園廛二十而一近郊十一遠郊二十而三甸稍縣都皆無過十二唯其漆林之征二十而五

釋曰上經言此任地所在經言出稅多少不同之事云國宅無征者征稅也謂城內官府治處無稅也云園廛二十而一者園即上經場圃任園地廛即上經廛里任國中之地并言之者以其出稅同故也云近郊十一者即上經宅田士田賈田任在近郊者同十一而稅也云遠郊二十而三即上經官田牛田賞田牧田任遠郊之地同二十而稅三也云甸稍縣都皆無過十二者即上經公邑之田任甸地已下至任畺地四處皆無過十而稅二但此四處出稅不同據上文直言公邑之田任甸地則甸地之中兼有六遂矣其稍縣都上文惟言家邑小都大都三等采地爲井田鄉法不見公邑則三者

之中皆有公邑故上注云自此已外皆然若然則此云十二者除三等乘地而言以其鄉遂公邑皆爲夏之貢法故也云漆林之征二十而五者上之三等爲輕近重遠法此漆林之稅特重以其漆林自然所生非人力所作故也

注 征稅也言征者以共國政也鄭司農云任地謂任土地以起稅賦也國宅城中宅也無征無稅也故書漆林爲桼林杜子春云當爲漆林玄謂國宅凡官所有宮室吏所治者也周稅輕近而重遠近者多役也園廛亦輕之者廛無穀園少利也古之宅必樹而畺埸有瓜

釋曰司農云國宅城中宅也無征無稅也者先鄭意廛既爲空地非民宅則此國宅城中宅謂民宅也後鄭不從者後鄭意以廛里既爲民宅則此國宅非民宅是以爲官府治事處解之云謂國宅凡官所有宮室吏所治者也者吏即卿大夫等則匠人云外有九室九卿治之是也故無征也云周稅輕近而重遠近者多役也者以其城內及城外近城者給公家使役多於稅上輕而優之遠城者役少故於稅上重而

苦之故不依十一而稅唯近郊之內當十一耳云園廛亦
輕之者廛無穀園少利也者以其廛則五畮之宅在園中
則孟子云五畮之宅樹之以桑麻是廛無穀也園少利者
此園則百畮田畔家各二畮半以爲井竈種葱韭及瓜是
園少利故亦輕之云古之宅必樹者即孟子桑麻是也云
疆場有瓜者是信南山詩云中田有廬疆場有瓜鄭云中
田田中作廬以便其事於其畔種瓜瓜成又入其稅天子
剝削淹漬以爲殖獻之皇祖是其園廛皆有稅之事也異
義第五田稅今春秋公羊說十一而稅過於十一大桀小
桀減於十一大貉小貉十一稅天子之正十一行而頌聲
作故周禮園中園廛之賦二十而稅一近郊十而稅一遠
郊二十而稅三有軍旅之歲一井九夫百畮之賦出禾二
百四十斛芻秉二百四十六釜米十六斗案公羊十一稅
遠近無差漢制收租田有上中下與周禮同義玄之聞也
周禮制稅法輕近而重遠近者爲民城道溝渠之役近者勞
遠者逸故也其授民田家所養者多與之美田所養者少

則與之薄田其調均之而足故可以爲常法漢無授田之法富者貴美且多貧者賤薄且少美薄之收不通相倍從而上中下也與周禮同義未之思也又周禮六鄉無云軍旅之歲一井九夫百畮之稅出禾芻秉缶米之事何以得此言乎若然周禮稅法據王畿公羊稅法據諸侯邦國諸侯邦國無遠近之差者以其國地狹少役賦事暇故無遠近之差也

凡宅不毛者有里布凡田不耕者出屋粟凡民無職事者出夫家之征

釋曰以草木爲民毛民有桑麻之毛者罰以二十五家之稅布謂口率出泉漢法口百二十也云凡田不耕者出屋粟者夫三爲屋民有百畮之田不耕墾種作者罰以三夫之稅粟云凡民無職事者出夫家之征者此則大宰閒民無常職轉移職事之人雖不事當家田宅無可賦稅仍使出夫稅家稅之征以勸之使樂業也

注 鄭司農云宅不毛者謂不樹桑麻也里布

者布參印書廣二寸長二尺以爲幣貿易物詩云抱布貿
絲抱此布也或曰布泉也春秋傳曰買之百兩一布又廛
人職掌斂市之次布儳布質布罰布廛布孟子曰廛無夫
里之布則天下之民皆說而願爲其民矣故曰宅不毛者
有里布民無職事出夫家之征欲令宅樹桑麻民就四業
則無稅賦以勸之也故孟子曰五畮之宅樹之以桑則五
十者可以衣帛不知言布參印書者何見舊時說也玄謂
宅不毛者罰以一里二十五家之泉空田者罰以三家之
稅粟以共吉凶二服及喪器也民雖有閒無職事者猶出
夫稅家稅也夫稅者百畮之稅家稅者出士徒車輦給繇
役　釋曰先鄭云不毛者謂不樹桑麻據孟子爲說也云
里布至抱此布此說非故先鄭自破之也云或曰布泉以
下至廛布此說合義也云春秋傳曰買之百兩一布此昭
公二十六年左氏傳文案彼文齊侯以師欲納昭公申豐
從女賈以幣錦二兩以適齊師謂子猶之人高齮能貨子
猶爲高氏後高齮以錦示子猶子猶欲之齮曰魯人買之

百兩一布杜注云言魯人買此甚多布陳之以百兩爲數杜以爲布爲陳不爲布泉此先鄭以彼布與此布及外府邦布皆爲泉與杜義異也云廛人職掌斂市之次布巳下彼注先鄭云次布列肆之稅布總布後鄭云總讀如租稯之稯稯布謂守斗斛銓衡之布質布謂質人所罰犯質劑者之布罰布者謂犯市令者之泉廛布者貨賄諸物邸舍之稅彼諸布皆是泉故引以爲證也引孟子廛無夫里之布亦謂口率出泉宅不毛無一里之罰布天下民願爲之民矣云欲令民就四業則無稅賦以勸之者案閭師四業畜也耕也樹也蠶也或說以四時之業也玄謂宅不毛者罰以一里二十五家之泉者此就足司農之義空田者罰以三家之稅粟者以夫三爲屋以三夫解屋也云以共吉凶二服及喪器也者案鄉師職云比共吉凶二服閭共祭器族共喪器黨共射器州共賓器但射器賓器等爲國行禮故出官物爲之惟吉凶二服及喪器是民自共用不可出官物故比族主集此罰物爲之故鄭唯據此二事

而言也云夫稅者百畮之稅知者以家稅爲士徒故知是一夫之田所稅粟也云家稅者出士徒車輦給繇役知者案縣師云若將有軍旅會同作其衆庶及馬牛車輦故知家稅是士徒車輦也趙商問載師職凡宅不毛乃罰以一里布田不耕者罰屋粟商以田不耕其罪莫重宅不毛其罰當輕宅不毛乃罰以二十五家之布田不耕則罰之三夫之稅粟未達罰之云爲之言輕重之差鄭荅此法各當罰其事於當其有故何以假他輕重乎**以時**

徵其賦釋曰閭師徵斂六鄉之賦貢遂師旅師斂六遂已外之賦貢自有常官但徵斂事重以載師既掌畿內地事因亦徵其賦相左右也案下閭師注賦謂九賦及九貢則此賦貢合有也至於里布屋粟及閭民夫家之征亦可徵之

閭師掌國中及四郊之人民六畜之數以任其

力以待其政令以時徵其賦 釋曰閭師徵斂百里内之賦貢故云掌國

中及四郊之人民及六畜之數以其人民是出賦之數其
六畜是營作之本故須知數也云以任其力者謂以人民
六畜任使其力也云以待其政令者政令謂賦役皆是**注**
也以時徵其賦者賦貢所徵當順其四時故云以時也
國中及四郊是所主數六鄉之中自廛里至遠郊也掌六
畜數者農事之本也賦謂九賦及九貢　釋曰云國中及
四郊是所主數者以其六鄉之民居在國中及四郊其政
教自有鄉大夫以下施之今閭師主徵斂直知其人數而
巳故云是主數也云六鄉之中自廛里至遠郊也者此鄭
重解國中及四郊之義據上文廛里至任遠郊之地其中
含有六鄉七萬五千家故鄭指六鄉而言也云掌六畜數
者農事之本也者六畜謂馬牛羊豕犬鷄則唯牛可爲農
事而鄭揔云農事之本者羊馬犬鷄雖不用爲農事皆是
人之相資藉以爲用故揔入農事之中是以閭師主徵斂

亦揔知其數也云賦貢謂九賦者案下又陳貢故知賦中兼有貢經直言賦者以賦為主耳賦謂口率出泉若然案大宰九賦從邦中以至幣餘爲九等此國中及四郊於九賦之中惟有二賦而言九賦者亦大揔而言也其九貢又與大宰別彼九貢者與小行人春入貢爲一謂諸侯之九貢即大宰九職之貢與下文貢九穀之等是一也

凡任民任農以耕事貢九穀任圃以樹事貢草木任工以飭材事貢器物任商以市事貢貨賄任牧以畜事貢鳥獸任嬪以女事貢布帛任衡以山事貢其物任虞以澤事貢其物

釋曰案大宰以九職任萬民謂任使萬民各有職事有職事必有功有功即有貢故此論貢之法也言凡任民謂任使萬民使出貢與下爲目云任農以耕事貢

九穀者案大宰職云一曰三農生九穀故此還使貢九穀九穀之數大宰已注訖云任圃以樹事貢草木者大宰云二曰園圃毓草木故還使貢草木謂菜蔬果蓏之屬云任工以飭材事貢器物者大宰云五曰百工飭化八材但八材飭治以爲器物故此還使貢之也云任商以市事貢貨賄者大宰云六曰商賈阜通貨賄故還使貢貨賄也云任牧以畜事貢鳥獸者大宰云四曰藪牧養蕃鳥獸故還使貢鳥獸也云任嬪以女事貢布帛者大宰云七曰嬪婦化治絲枲故還使貢布帛女即彼嬪婦也云任衡以山事貢其物者大宰云三曰虞衡作山澤之材材即物也以其山澤所出物多故云物若禹貢云海物然也序官山澤稱虞川林稱衡此文云任衡以山事山不稱虞者欲見山中可以兼川林亦貢物故互見爲義也此文次第與大宰不同者彼依事大小爲次此不依彼爲次者欲見事無常故也且彼有九職仍并山澤爲一此文分山澤爲二唯有八者但九職有臣妾及閒民此無者以周公設經任之則有臣

委使得自生若責稅則無以其聚斂疏材無可稅故也其
閒民載師已見出夫家之征故於此不言之矣其分山澤
爲二者以山澤出貢不同故分注貢草木謂葵韭果蓏之
爲二以充八通閒民爲九耳　注屬　釋曰案大宰注疏
材百草根實與此注不同者但百草根
實即葵韭果蓏百草中可以兼木矣　凡無職者出
夫布　釋曰無職非一故言凡此無職即大宰閒民無常
職轉移執事者也轉移執事即是有職而言無職
者爲有職者執事當家廛地不事即無職　注獨言無職者
也云出夫布者亦使出一夫口稅之泉也　注掌其九賦
釋曰云獨言無職者掌其九賦者上皆論貢不言賦惟此
無職之人言夫布夫布即賦也以其掌九賦者上雖直云
貢九賦亦掌之故云掌其九賦案劉琰問載師職云凡民
無職事者出夫家之征閭師職云凡無職者出夫布夫家
之征與夫布其異如何鄭荅云夫家之征者田稅如今租
矣夫布者如今筭斂在九賦中者也以此言之若今租即

夫征不得兼言家鄭連言家挾句耳劉瑛又問閒師職云凡任民任農以耕事貢九穀下至任虞凡八貢不道九賦下言凡無職者出夫布注云獨言無職者掌其九賦皆此者豈上八貢者復出八賦與無職所出夫布凡為九將自布賦不同重計八貢未之能審也鄭荅曰讀天官冢宰職則審矣無職在九賦中今此不言其餘獨言此者此官掌者察冢宰職九職九賦別九賦自邦中以至邦都六也加然賦嫌無職者不審出筭故言耳鄭云讀天官冢宰則審有職安得八賦依八貢出之乎言審矣者審八賦不依九以關市山澤及幣餘為九九職不言服數或一服之中而職為九可知故云審矣若然無職在賦中其句下讀為義不連於上也欲明無職之人非直在九職中亦在九賦中故云無職在九賦中也

凡庶民不畜者祭無牲不耕者祭無盛不樹者無椁不蠶者不帛不績者不衰注掌罰其

家事也盛黍稷也槨周棺也不帛不得衣帛也不衰喪不
得衣衰也皆所以恥不勉　釋曰云庶人不畜者祭無牲
者案孟子云庶人五母鷄二母彘無失其時是以不畜者
當罰之故死後祭無牲也庶人用牲之法若王制云韭以
卵麥以魚黍以豚稻以鴈注云庶人無常牲取以新物相
宜而已是也云不耕者祭無盛者黍稷曰盛耕者所以殖
黍稷今惰農自安不殖黍稷故死後祭之無盛也云不樹
者無槨者庶人五畮之宅樹以桑麻今宅不毛非直罰以
里布死後又無五寸之槨也云不蠶者不帛者蠶則得帛
孟子云五十可以衣帛以不蠶故身不得衣帛云不績者
不衰者緝績者得布其衰裳以布爲之其婦人
不績其麻者死則不爲之著衰裳以罰之也

縣師掌邦國都鄙稍甸郊里之地域而辨其夫
家人民田萊之數及其六畜車輦之稽三年大

比則以攷羣吏而以詔廢置 釋曰云掌邦國據畿外諸侯言都鄙據畿內五百里四百里大都小都言稍據三百里家邑言甸據二百里六遂言郊里據從遠郊至國中六鄉之民也從外向內而說之言地域者從邦國至六鄉各有地域廣狹云而辨其夫家人民田萊之數者夫家猶言男女人民謂奴婢田萊見田及荒不耕者之萊其數皆知故云之數也云及其六畜車輦之稽者六畜馬牛羊豕犬鷄車所以駕馬輦人挽行之稽計也謂所計之數皆知之云三年大比則以攷羣吏而以詔廢置者古者亦三年一大案比戶口則考校主民之羣吏校其功過以詔告在上有功者置之以進爵位有過者廢退之 注 郊里郊所居也自邦國以及四郊之內是所主數周天下也萊休不耕者郊內謂之易郊外謂之萊 萊善言近 釋曰云郊里郊所居也者謂六鄉之民布在國中外至遠郊故有居在郊者也案遺人云鄉里之委積又云郊里之委積彼云鄉里據國中云郊里據

在郊與此同也必知鄉民有居在郊者見比長云徙于國
中及郊則從而授之若徙于他則爲之旌節而行之國中
及郊不云他明郊與國中同是鄉民也云自邦國以及四
郊之内是所主數者其義若閭師耳云周天下也者邦國
則六服四郊則兼國中故云周徧天下也云萊休不耕者
詩云田卒汙萊注云下者汙高者萊是萊謂草萊之地若
上地萊五十晦之類也云郊内謂之易郊外謂之萊善言
近者郊外言萊即此經田萊據郊而言遂人亦云萊五十
晦百晦之類是萊是草萊穢惡之稱也郊内謂之易無文
案大司徒云凡造都鄙制其地域云上地不易中地一易
下地再易司徒主六鄉則六鄉之地從
易可知不言萊直言易者善言近也　若將有軍旅

會同田役之戒則受灋于司馬以作其衆庶及

馬牛車輦會其車人之卒伍使皆備旗鼓兵器

以帥而至注受法於司馬者知所當徵衆寡釋曰云若將有軍旅者言若謂若有若無不定之辭將有謂事未至軍旅謂征伐會同謂時見殷見田役謂四時田獵之戒有此數事則豫戒令之云受法于司馬者司馬主將事故先於司馬處受出軍多少及法式也云以作其衆庶者謂於司馬處得法乃作起其庶衆已下云會其車人之卒伍者謂會合車人人則百人爲卒五人爲伍車亦有卒伍云使皆備旗鼓兵器者旗謂若司馬云秋辨旗物王載大常已下鼓謂司馬云春辨鼓鐸王執路鼓已下兵器謂弓矢殳矛戈戟也以帥而至者鄉師云以旗致萬民此云而至者謂帥而至鄉師也凡造都邑量其地辨其物而制其域釋曰言造都謂大都小都邑謂家邑也云量其地者家邑二十五里大都百里小都五十里也云辨其物者三等之地所有不同云注物謂地所有也名山制其域者即疆域大小是也大澤不以封釋曰

云物謂地所有也者若地物無所有不得耕墾若山澤者不授之故引王制云名山大澤不以封也**以歲時徵野之賦貢**釋曰以郊內賦貢閭師徵斂郊外曰野所有賦貢縣師徵之遂師旅師斂之故云徵野之賦貢**注**野謂甸稍縣都也所徵賦貢與閭師同釋曰知野舍有甸稍縣都者以其縣師并掌天下既邦國與畿內不同明野中唯舍有此四者也云所徵賦貢與閭師同者但閭師徵六鄉賦貢并斂之此縣師所徵四處賦貢與閭師同若斂野之賦貢是遂師旅師也故直云徵之同明斂則異也

遺人掌邦之委積以待施惠鄉里之委積以恤民之艱阨門關之委積以養老孤郊里之委積以待賓客野鄙之委積以待羈旅縣都之委積以待凶荒釋曰

計官主施惠故掌邦之委積以待施惠此與下爲揔目也
云鄉里之委積以恤民之囏阨者此下數者皆謂當年所
稅多少揔送帳於上在上商量計一年足國用外剩隨便
留之以爲恤民之囏阨之等也囏阨謂年穀不熟民有困
之則振恤之云門關之委積以養老孤者門謂十二國門
關謂十二關門出入皆有稅所稅得者亦送帳多少足國
用之外留之以養老孤故司門云以其財養死政之老與
其孤注云財所謂門關之委積也是其所留之財也云郊
里之委積以待賓客者里居也郊民所居即六鄉之民所
居郊者其委積留之以待賓客者其賓客至郊與主國使
者交接因即與之廩餼便欲以待賓客也云野鄙之委積
以待羇旅者上既言郊里據遠郊則此野鄙據六遂在郊
外曰野六遂中有五百家鄙故以鄙表六遂耳則野鄙中
可以兼得公邑在甸地者也旅客也謂客有羇縶在此未
得去者則於此惠之但羇旅處處皆有獨於此見惠者但
甸地在二百里中於外内有羇旅皆得取之故獨見於此

也云縣都之委積以待凶荒者縣謂四百里都謂五百里
不見稍三百里則縣都中可以兼之凶荒謂年穀不孰則
曲禮云歲凶年穀不登是也特於此三處見凶荒者凶荒
則畿內畿外皆有若畿外凶荒則入向畿內取之畿內凶
荒則向畿外取之是以鄭君通給解之故 注委積者廩人
於近畿三百里以外言待凶荒之事也 倉人計九穀
之數足國用以其餘共之所謂餘法用也職內邦之移用
亦如此也皆以餘財共之少曰委多曰積鄉里鄉所居也
艱阨猶困乏也門關以養老孤人所出入易以取餘廩也
羈旅過行寄止者待凶荒謂邦國所當通給者也故書艱
阨作槿阨羈作寄杜子春云槿阨當為艱阨寄當為羈
釋曰倉人主藏穀廩人主藏米自計九穀之數至餘法用一
皆約倉人文案倉人云辨九穀之物以待邦用若穀不孰
則止餘法用有餘則藏之以待凶而頒之注止猶殺餘法
用謂道路之委積所以豐優賓客之屬又案廩人云掌九
穀之數以待國之分頒謂若委人之職諸委積以朋聚待

賓客以甸聚待羇旅是廩人亦云委積若然穀不足止餘法用則此鄉里巳下皆無入委積之事故云止餘法用也雖無新物以入委積其舊委積所藏者則給囏阨老孤之等故倉人云藏之以待凶而頒之掌客云凶荒則殺禮者謂除道路委積之外也云職内邦之移用亦如此也者職内所云亦謂本司所用有餘乃移於他處故云亦如此也云少曰委多曰積者據此文三十里言委五十里言積相對而言若散文則多亦曰委委人所云薪蒸亦曰委是也云囏阨猶困乏也者案書傳云行而無資謂之乏居而無食謂之困

凡賓客會同師役掌其道路之委積凡國野之道十里有廬廬有飲食三十里有宿宿有路室路室有委五十里有市市有候館候館有積釋曰上經委積隨其所須之處而委積此經所

陳委積擄會同師役行道所須故分布於道路注廬若今野候徒有庌也宿可止宿若今亭有室矣候館樓可以觀望者也
遠處須多故有積近處須少故有飲食及委也

二市之間有三廬一宿 釋曰云廬若今野候徒有庌也者此舉漢法以況義漢時野路候迎賓客之處皆有庌舍與廬相似云宿可止宿若今亭有室矣者案漢法十里有亭有三老人皆有官室故引以爲況也云一市之間有三廬一宿者十里二十里有廬三十里有宿四十里又有一廬五十里有市是其一市之間三廬一宿凡廬有四義十里有廬一也中田有廬二也易剥之上九云君子得輿小人剥廬注云小人傲很當剥徹廬舍而去三也公劉詩云於時廬旅鄭云廬舍安民館舍施教令四也

凡委積之事巡而比之以時頒之 釋曰言凡委積上二文委積之事是也以時頒之則以待者是也

均人掌均地政均地守均地職均人民牛馬車輦之力政

釋曰均人所均地政已下揔均畿內鄉遂及公邑云均地政者謂均地守地職二者之稅使皆十一而出稅又均人民已下力征之事也

注政讀爲征地征謂地守地職之稅也地守衡虞之屬地職農圃之屬力征人民則治城郭涂巷溝渠牛馬車輦則轉委積之屬

釋曰鄭破政爲征者以經政是政教之政非征稅之征故破之也鄭又知地征是地守地職之稅者以其出稅無過地守地職二者故知之也云地守衡虞之屬者亦謂畿內川衡林衡山虞澤虞皆遣其地之民守護之及其入山林川澤取之者使出稅以當邦賦云地職農圃之屬者此即大宰九職云一曰三農二曰園圃之屬以九職任之因使出稅也云力征已下并車輦並是力之征稅若然土均云掌平地之政以均地守以均地事以均地貢注云所平之稅邦國都鄙也與此鄉遂及公邑別彼又云地貢鄭云

謂諸侯之九貢與此
九職之貢又不同也
凡均力政以歲上下豐年則
公旬用三日焉中年則公旬用二日焉無年則
公旬用一日焉
釋曰此所均力政者即上人民之力
征不通牛馬車輦故禮記王制云用
民之力歲不過三日是此亦據人而言也云以歲上下
者上即豐年下即儉年也豐年則公旬用三日者公事
也旬均也謂爲
事均用三日也
注
豐年人食四鬴之歲也人食三鬴爲中
歲人食二鬴爲無歲歲無贏儲也公事
也旬均也讀如營營原隰之營易坤爲均今書亦有作旬
者
釋曰鄭知豐年人食四鬴已下者案廩人云人四鬴
上也人三鬴中也人二鬴下也而知之彼又云不能人二
鬴則令邦移民就穀此時則無力征矣若然此食二鬴而
言無年無年者鄭云無贏儲仍未移民就賤此無年與彼
不能人二鬴之歲不同彼不能人二鬴自然無贏儲也二

公事也者此天子之法非諸侯之禮不得爲公君解之故
從公事而釋也云旬均也者王制旣云用民歲不過三日
明不得爲旬十日解之故破從均恐不平故云均也云讀
如營營原隰之營者彼詩營營是均田之意故讀從之云
易坤爲均今書亦有作旬者彼易坤爲地地德均平是以
均爲義今書今易書有作旬字者旬與均俱有均平之意
故引爲證也 **凶札則無力政無財賦** 釋曰凶謂年穀不熟札謂天下疫病則無
此力征及財賦二事此即 注無力政恤其勞也無財賦恤
廩人云不能人二鬴之歲 注其乏困也財賦九賦也 釋
曰云財賦九賦也者此即大宰九賦謂口率出泉知賦中
惟是九賦者以下文有地守地職故此惟有九賦也若然
上均地政不言均九賦亦均之可知 **不收地守地職不均地政** 注不收山澤及地稅
亦不平計地稅也非凶札之歲當收稅乃均之耳 **三年大比則大均** 注有年無年大平計

之若久不脩則數或闕　釋曰經旣云大均明知有年及無年皆須大平均計之也云久不脩則數或闕者三年一闕是其久久不脩謂不大平計則其中間不知其數不知其數則是數闕也

周禮疏卷第十四